東伊豆町のはさみ石。漁師の争いを見かねた天城山の天狗が間に石をはさんで争いをおさめたという伝説が残っています

西伊豆 田子の港。プレートが沈み込む
駿河湾に面した西伊豆の海岸には険しい
崖に囲まれた小さな港が多く分布します

沼津市の牛臥山は伊豆が本州に衝突する前の海底火山の名残です

伊豆半島ジオパーク
公式ガイドブック

伊豆ジオ 100

IZU PENINSULA GEOPARK
OFFICIAL GUIDE BOOK
IZU GEO 100

監修
伊豆半島ジオパーク推進協議会

静岡新聞社

IZU PENINSULA GEOPARK

OFFICIAL GUIDE BOOK

伊豆ジオ100

CONTENTS

この本の使い方

HOW TO USE

【ジオパーク内の散策には】

この本で紹介するジオの見どころには、さまざまなロケーションがあります。トレッキングシューズや水筒、雨具などの携帯は必須です。絶壁や海岸沿い、川沿いなどの危険な場所も多いため、落石や高波に十分注意し、危険な場所には長時間滞在しないことをお勧めします。

【基本情報】

売店・トイレ・駐車場有り

売店・トイレ・駐車場無し

♥ **＝おすすめポイント**／地元観光協会やジオガイドが推薦するプラスアルファの情報

▲ **＝危険情報**／さまざまなロケーションがあるため、特に注意してほしい点を記載しています

アクセス情報／自然景観が多いため住所表記はしていません。エリアの地図とウェブサイト（下記QRコード）を参考にして下さい。時間はすべて目安です。道路の混雑状況などをお確かめの上、お出かけください。また、バスは一日の運行本数が少ない場所もあるので、時刻表の確認は必須です。

㊖**＝公共交通機関（電車・バス）**

㊟**＝自家用車・レンタカー**

トイレ・㊟＝駐車場情報／見所の現地から離れているなど、特筆すべき点があれば記載しています

【伊豆半島までのアクセス】

電車・バス・フェリー

東京方面より特急「踊り子」または「スーパービュー踊り子」で修善寺駅、または伊豆急下田駅下車。各地まではバス利用。東京方面、関西方面より東海道新幹線三島駅、伊豆箱根鉄道乗り換え。東海道新幹線熱海駅、三島駅下車。東海道本線沼津駅下車、各駅からバス・タクシー利用。関西方面からは、静岡市清水港よりフェリー利用も可能

乗用車

東名厚木IC～小田原厚木道路～国道135号線～136号線／西湘バイパス～国道135号線～136号線／東名高速道路沼津ICまたは新東名高速道路長泉沼津IC経由、伊豆縦貫自動車道より各地へ

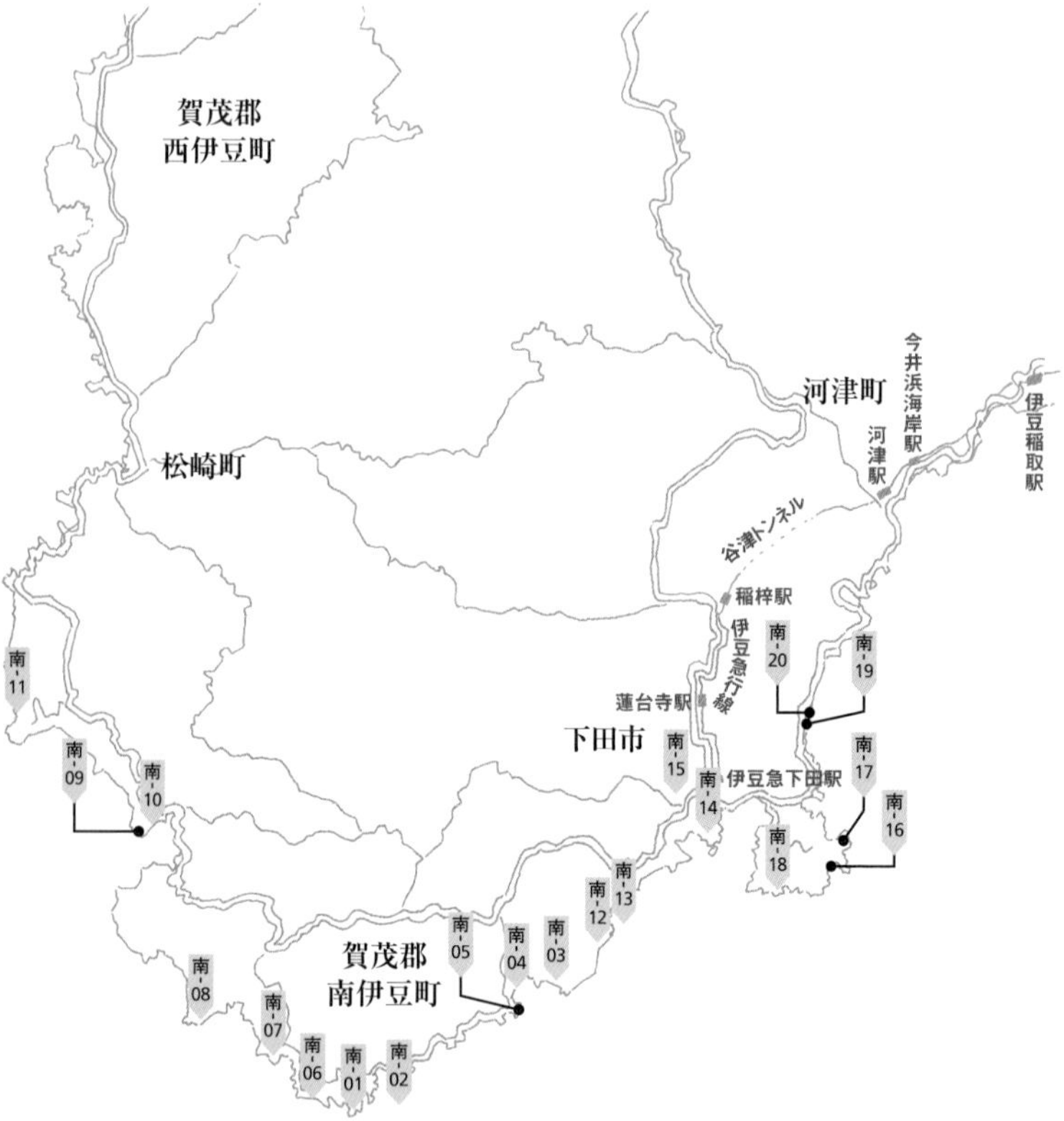

rn Area

of

IZU Peninsula

南伊豆エリア

Southe

伊豆の秘境ともいえる南伊豆エリア。
壮大な岩脈や石丁場、目の前に広がる真っ白な砂浜と青い海…
雄大な海底火山の産物が、荒々しくもダイナミックな
大地の成り立ちを感じさせてくれます。
できれば何日か滞在できる装備を用意して、
ジオハンティングの探検に出かけたいですね。

南-01

【石廊崎・石室神社】

／いろうざき・いろうじんじゃ

基本情報

♥石廊崎オーシャンパーク内に南伊豆ビジターセンターがあります。南伊豆ビジターセンター主催のガイドツアーもご利用ください　⚠遊歩道が整備されていますが、岬付近では崖の上を歩きますので、手すりを乗り越えたり寄り掛かったりしないでください　**アクセス**／㊒伊豆急下田駅より石廊崎方面行きバスで石廊崎オーシャンパークバス停下車、徒歩10分または石廊崎港バス停下車、徒歩約25分　㊟石廊崎オーシャンパークや石廊崎港の駐車場をご利用ください

石廊崎《いろうざき》に一面にひろがるごつごつした岩は、海底に噴出した溶岩流です。

溶岩が水中に噴出すると、水によって急激に冷やされ、バリバリに砕けた岩片の集合になります。熱いお湯を入れておいたコップを、冷水に入れると割れてしまう現象に似ています。

海底火山の大規模な噴火で大量の溶岩が海底に流れ広がった様子を想像してみてください。

石廊崎の崖には蜂の巣のようにたくさんの窪みがあり、石室《いろう》神社はこの窪みを利用して作られています。これらの窪みは「タフォニ」と呼ばれ、水に溶けていた塩が、水分の蒸発にともなって結晶になり、その結晶の成長によって岩石が壊されてできると考えられています。

石廊崎の沖は古くから難所でした。江戸へ向かう商船が沖合で大波にあい、石廊権現に「帆柱を捧げるので波をおさめてください」と頼んで、無事に江戸に到着できたという言い伝えがあります。この帆柱は今も断崖に建つ石室神社の社殿に使われています。

南-02

【石廊崎周辺の海岸】

／いろうざきしゅうへんのかいがん

基本情報

♥石廊崎の港から出航する「石廊崎めぐり」では、石廊崎周辺の海岸地形や、南崎火山の断面などを観察することができます　**アクセス**／㊝伊豆急下田駅より石廊崎行きバス40分「石廊崎港口」バス停下車、徒歩10分　**トイレ**／多目的トイレあり　㊟石廊崎港の駐車場を利用

伊豆半島最南端の石廊崎《いろうざき》からは、海底火山の作り出した荒々しく雄大な景色を一望できます。ごつごつした岩は、海底に流れ出した溶岩が急激に冷やされることでバリバリに砕けてできる水冷破砕溶岩《すいれいはさいようがん》です。大小さまざまな角ばった岩がでこぼこした複雑な形の岬を作っており、石廊崎の港から遊覧船に乗ってこの景色を楽しむこともできます。石廊崎から西に向かい、海底火山の溶岩がつくる岩場を過ぎると、海岸の崖はやがて白や灰色の、海底に降りつもった火山灰などの地層に変わってきます。船がユウスゲ公園の下に近づくと、こうした海底火山の噴出物の上に、赤黒い地層が見えてきます。この赤い色は、地上に噴出した高温の火山噴出物の中の鉄分が酸素と結びついて付いた色で、陸上で噴火があったことを示す証拠のひとつです。この赤い噴出物は、約40万年前、伊豆半島が陸地化してから噴火した「南崎《なんざき》火山」という火山の噴出物なのです。伊豆半島の海底火山時代から陸上火山時代まで、伊豆半島の歴史を一望できる、そんな景色がここに広がっています。

南-03

【逢ヶ浜】

／おうのはま

基本情報

⚠逢ヶ浜の岩場は地層観察や磯の生き物観察の適地ですが、歩きにくい岩場ですので動きやすい服装で遊んでください。また、水底土石流の地層はごつごつした岩の集まりで、岩が剥離して落石する場合もありますのでご注意ください　**アクセス**／(公)伊豆急下田駅より休暇村経由石廊崎行きバスで25分、休暇村バス停下車徒歩10分　(車)新東名長泉沼津ICより120分　**トイレ**／なし　(駐)有り（季節により有料）

白砂のビーチが美しい弓ヶ浜のすぐ隣には、岩場の広がる逢ヶ浜《おうのはま》があります。海底を流れた土石流などの地層を貫いたマグマの中にできた放射状の割れ目をはじめ、海底火山噴出物が独特な景観を作り出しています。雀岩、姑岩、エビ穴などと呼ばれる奇岩も見どころです。春にはハマダイコンの群生が美しく、漁をする海女さんの姿などが見られます。

放射状の割れ目が見られる岩脈へは浜の南東端から磯を歩く必要があります。満潮になると波がかかりますので、潮の引く時間帯を狙って訪れることをお勧めします。

南-04

【弓ヶ浜】

／ゆみがはま

基本情報

⚠2014年3月に津波避難タワーが完成しました　**アクセス**／㊋伊豆急下田駅より休暇村経由石廊崎行きバスで25分、休暇村バス停下車　(車)新東名長泉沼津ICより120分　**トイレ**／有り　(駐)有り（季節により有料）

険しい崖が並ぶ南伊豆の海岸の中にこつぜんと姿を現す弓ヶ浜。1200mもの美しい弧を描く白砂の海岸は、青野川に流されてきた砂粒が海流に流され、帯状にたまってできた「砂州《さす》」という地形です。弓ヶ浜は昔、鯉名の大港と呼ばれ、風待ち港として栄えました。アカウミガメの産卵地でもあり、町が卵を保護して、時期になったら赤ちゃんを海に帰す取り組みも行われています。

南-05

【弥陀窟とその周辺】

／みだくつとそのしゅうへん

基本情報

アクセス／歩いて弥陀窟にアクセスすることはできません。阿弥陀三尊を見学するための船の出港時期等は南伊豆観光協会のWebサイトなどをご確認ください minami-izu.jp

弥陀窟《みだくつ》は国指定天然記念物にも指定された海食洞です。海食洞とは地層の中にできた亀裂などの弱い部分が波に削られていくことでできる洞窟のことです。周辺には海底を流れた溶岩（水冷破砕溶岩）が分布しており、弥陀窟はこの溶岩の中の亀裂に沿って浸食されてできたものです。波の静かな晴天で大潮の正午に入ると、奥の暗闇に3体の仏像が浮かび上がるといいます。海上からしかアクセスできない上、潮が大きく引かないと船が入れません。年に一度、一般参拝客向けに船が出ます。

南-06

【ユウスゲ公園】

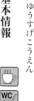

／ゆうすげこうえん

基本情報

♥ユウスゲの花は7~8月の夕方に楽しむことができます。石廊崎の港から出る遊覧船（伊豆クルーズ）で海からユウスゲ公園の様子を観察できます

アクセス／(公)伊豆急下田駅よりバスで60分「愛逢岬（あいあいみさき）」バス停下車、徒歩5分 (車)新東名長泉沼津ICより130分 **トイレ**／100mほど先のあいあい岬に有り **売店**／あいあい岬に有り (駐)ユウスゲ公園そばに数台分、あいあい岬にも有り

石廊崎周辺の海岸線の多くは、海底火山から噴出した火山灰や溶岩からできているため、長年の波の浸食によって険しい地形になっています。ところが、「池の原」と呼ばれる小さな高原にはなだらかな丘が広がり、ユウスゲが自生する「ユウスゲ公園」があります。

このなだらかな丘は約40万年前に噴火した南崎火山の溶岩が険しい谷を埋め立てて作り出したものです。石廊崎からの遊覧船に乗って海からこの丘を観察すると、白い岩石からなる海底火山の噴出物のうえに、南崎火山から噴出した灰色の溶岩流や赤茶色のスコリアが乗っかっていることがわかります。

南-07

【中木の柱状節理】

／なかぎのちゅうじょうせつり

基本情報

⚠柱状節理の岩場に沿って遊歩道があります。亀裂の多い柱状節理の性質上どうしても落石が起きやすくなります。遊歩道を歩く際には落石に十分注意してください。満潮時や波が強いときは歩道に波がかかります **アクセス**／(公)伊豆急下田駅からバスで45分、中木バス停下車すぐ (車)新東名長泉・沼津ICより120分 (駐)季節により有料

サンゴ礁も見られる「ヒリゾ浜」への船が出る中木。海の美しさだけでなく、港のまわりを飾る神殿のような岩場も見どころです。

火山の地下深くにはマグマの通り道があります。このマグマの通り道が地殻変動などで隆起して地表に姿を現したものを「火山の根」と呼んでいます。

中木港には、海底火山の噴出物を貫いて上昇してきた「火山の根」と、マグマが冷え固まる際に収縮してできる柱状の岩「柱状節理」の迫力ある景観が広がっています。

中木漁港から外洋に出る辺りが
ユウスケ公園から見える

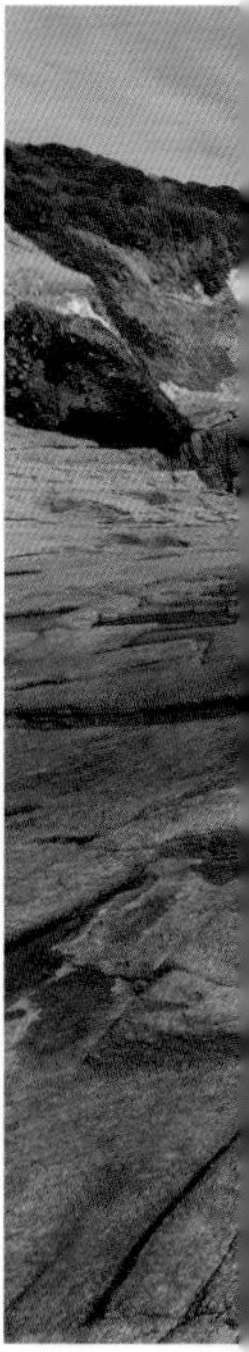

南-08

【入間千畳敷】

／いるませんじょうじき

基本情報

♥南伊豆ビジターセンター主催のガイドツアーもご利用ください　⚠大変迫力のある荒々しい自然の姿を目の当たりにできますが、その分、自分の身を自ら守る必要があります。千畳敷へは遊歩道が整備されていますが、足場の狭いところや、崖の近くを歩く場所があります。崖の上を歩く場所では、路肩が崩れる可能性がありますので端に寄りすぎないようにしてください。また、崖下に入るような場合には、落石や倒木・落枝にも十分注意してください。千畳敷は海面からの高さが低いため、悪天候時や台風接近時などには高潮や高波に注意が必要です　**アクセス**／(公)伊豆急下田駅より下賀茂方面行きバスで25分、下賀茂バス停下車、入間経由中木行きに乗り換えて20分、入間バス停下車、入間の港から南伊豆歩道を吉田方面へ徒歩60分　(車)新東名長泉沼津インターから130分※夏季は入間から渡船が出ることもあります(問合せ：南伊豆町観光協会 minami-izu.jp)　**トイレ**／入間の港に公衆トイレ有り　(駐)入間港に有り

入間《いるま》の港から徒歩60分、伊豆の秘境ともいえる千畳敷には、海底に降り積もった火山灰や軽石からなる美しい地層が広がります。また、千畳敷の目の前にそびえる三ツ石岬の断崖には、地下から上昇してきたマグマが、白い火山灰の地層を断ち切って上昇していった痕跡である「岩脈」が迫力ある景観をつくり出しています。千畳敷では、かつて伊豆石（軟石）の採石が行われており、火山灰の地層を人工的に切り出した跡も残ります。

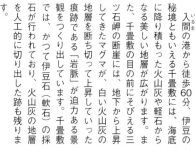

南-09

【龍崎の蛇くだり】

／りゅうざきのじゃくだり

基本情報

⚠子浦の港から入る日和山遊歩道からも蛇くだりを観察することができます。遊歩道を外れると険しい崖になっていますので、遊歩道を外れないように歩いてください　**アクセス**／㊋伊豆急下田駅から子浦行きバスで50分、妻良バス停下車、妻良港公園まで徒歩5分。子浦から見る場合は伊豆急下田駅から伊浜行きバスで55分、落居口バス停下車、日和山歩道を子浦方面へ徒歩約15分　**トイレ**／妻良港公園に有り
㊟妻良港公園に有り

妻良の港から湾の出口方面を向くと、高い崖に露出したしましまの地層を縦に断ち切る模様が見えます。地層の縞模様を断ち切る斜めのこのラインは海底にたまっていた火山灰や土石流の地層の亀裂を押し広げ、マグマが上昇してきた痕跡（岩脈）です。巨大な蛇が崖を横切るようなその姿から「蛇下り」と呼ばれています。蛇のうろこのように見える模様は、岩脈を作ったマグマが冷え固まるときにできた柱状節理。海に面した蛇下りに近づくことは難しいので、妻良港付近から遠望する他、谷川浜への渡船から観察できます。

南-10

【子浦三十三観音】

／こうらさんじゅうさんかんのん

基本情報

⚠遊歩道は急な登り道になっています。三十三観音付近は落石にもご注意ください　**アクセス**／㊫伊豆急下田駅から子浦行きバスで50分、終点下車、徒歩15分　㊟東名高速道路沼津ICより120分　**トイレ**／子浦海岸駐車場に有り　㊀海水浴場に隣接する子浦海岸駐車場（有料）。普通車150台、一日1000円

子浦港から日和山遊歩道を15分程歩くと、海底火山の噴出物が侵食でえぐられてできた崖のくぼ地に「三十三観音」と呼ばれる石仏群が安置されています。「三十三観音」の背後に見られる地層の中には、火山噴出物が急激に冷やされた際にできる特徴を持った岩がたくさん入っていて、海底火山の噴火で作られた地層であることがわかります。子浦から三十三観音へ向かう遊歩道にある、魚付林として保護されてきたウバメガシの林も見どころです。

南-11

【波勝崎北】

／はがちざききた

基本情報

♥波勝崎モンキーベイ園内で熱水変質を受けた迫力ある岩石も見学できます　**アクセス**／(車)新東名長泉沼津ICより120分

♥堂ヶ島マリン「千貫門クルーズ」で蛇のぼりや赤壁を見学できます　**アクセス**／(公)伊豆急行蓮台寺駅よりバス40分、または伊豆箱根鉄道修善寺駅よりバス90分　(車)新東名長泉沼津ICより90分

波勝崎から松崎町の烏帽子山にかけて続く岩石海岸は「火山の根」のひとつです。周辺の岩は熱水の作用で黄白色に色を変えており、波勝崎モンキーベイ内でもそうした変色した岩場を観察できます。

また、船でしか見に行くことができませんが、高さ270mにもなる「波勝赤壁」などの雄大な海岸線や、海岸線の崖に露出した岩脈「蛇のぼり」は大迫力です。波勝崎モンキーベイは東日本最大の野猿の生息地で、300匹以上の猿が生活しています。近くの伊浜はマーガレット生産日本一で、約6割の生産量を誇ります。

南-12

【田牛サンドスキー場】

／とうじさんどすきーじょう

基本情報

⚠全サンドスキー場の周りの崖にはもろい場所もありますので、落石には十分注意してください　**アクセス**／(公)伊豆急下田駅より田牛行きバスで20分、龍宮窟バス停下車、徒歩3分　(車)新東名長泉・沼津ICより110分　**トイレ**／隣接する龍宮窟の駐車場に有り　(駐)有り（夏季有料、大型バス不可）

強い風によって吹き寄せられた砂が積みあがってできた天然のサンドスキー場。風の強い冬場には海岸から丘に向かって砂が吹き上げられていく様子が見られます。吹き上げられた砂は斜面の途中にたまったり、背後の崖に吹き付けられて落っこちてきたりします。

やがて砂の丘が高くなってくると、砂つぶは斜面に留まっていることができなくなり、転がって落ちてきてしまいます。このように砂つぶが転がりはじめる角度（斜面の傾斜）を「安息角」といい、砂つぶの形や大きさによって少しずつ違っています。こうしてできる砂の丘は、安息角よりも急角度になることはできませんので、サンドスキー場はいつも同じような角度の滑り台になっているのです。砂の斜面は約30度あり、ソリ遊びもできます。（有料でソリの貸し出しあり）段ボールでも滑ることができそうですが、砂が意外と柔らかく、埋もれてしまってうまく滑ることができません。周囲の崖には海底につもった火山灰や、海中に噴出してバリバリに割れてしまった溶岩流（水冷破砕溶岩）、それらを貫いてマグマが移動した痕跡（岩脈）なども見られます。サンドスキー場に下る途中には田牛《とうじ》ハマオモトというハマユウの自生地があり、県の天然記念物として保護されています。

南-13

【龍宮窟】

／りゅうぐうくつ

基本情報

⚠龍宮窟の天窓は海食洞の天井の落盤ででき、その後何度も起こった落石によって広がってきました。現在も落石等の危険があるため龍宮窟内の一部には入ることができません。龍宮窟へ下る階段の下にはごろごろした岩が多く転がっていますので、歩きやすい服装で入ってください。また、龍宮窟上部の遊歩道の一部には滑りやすいところなどもあるため、注意して歩いてください　**アクセス**／(公)伊豆急下田駅より田牛行きバスで20分、龍宮窟バス停下車、徒歩3分　(車)新東名長泉沼津ICより110分　**トイレ**／駐車場内に有り　**売店・休憩所**／飲料の自動販売機あり　(駐)あり（15台程度夏季有料　バス不可）

　波が海岸の波に打ちつけると、崖の弱い部分（柔らかい地層や断層など）が削られていき、洞窟ができることがあります。こうしてできる海の洞窟を海食洞と呼びます。田牛《とうじ》の龍宮窟《りゅうぐうくつ》は、おおきな海食洞の天井が一部崩れて、直径40～50メートルほどの天窓が開いたものです。龍宮窟の天窓は伊豆の各地にあるものの中でも最大級であり、道路沿いの入口から洞窟を通って天窓の下に立つこともできます。洞窟の壁には、海底火山から噴出した黄褐色の火山礫が美しく層をなし、天窓の底を満たす青い海水とのコントラストが神秘的な場所です。

　また、龍宮窟を見下ろす遊歩道も整備されていて、この神秘的な海食洞をさまざまな場所から観察することができます。木々の間から遠く見える伊豆諸島の姿もステキです。

南-14

【下田市街】

／しもだしがい

基本情報

♥ペリーロードは、黒船でやってきたペリー提督が了仙寺で日米下田条約締結の為に行進した道。おしゃれなバーや雑貨店など昼も夜も楽しめます 問合せ：下田市観光協会 shimoda-city.info **アクセス**／㊫伊豆急下田駅より徒歩10分 ㊡新東名長泉沼津ICより100分 ㊟下田ペリーロード駐車場や下田公園駐車場（無料）のほか、有料駐車場複数有り

下田市街の街並みを歩いていると、特徴的な壁の家や店舗が目に入ります。一つは「なまこ壁」と呼ばれる漆喰の壁。そして、もう一つが「伊豆石」の壁です。伊豆石には2種類あり、火山から流れ出した溶岩の「堅石」と、火山が噴出した火山灰や軽石からなる凝灰岩と呼ばれる地層の「軟石」に区分されます。特に軟石は加工がしやすいため、蔵や神社の石段、石仏などにも利用されました。下田を始めとした伊豆半島南部は海底火山の火山灰や軽石からなる地層が多いため、伊豆軟石の最高の産地でした。下田市のペリーロード周辺では、こうした軟石を使った建物がおしゃれな店舗などに活用されています。

市内には、1854年12月の安政東海地震に伴う津波の痕跡や慰霊碑も見られ、津波による被害と、そこからの復興についても学ぶことができます。

南-15

【下田富士】

／しもだふじ

基本情報

⚠山頂まで歩道がついています。「火山の根」には急な坂道もありますので歩きやすい服装で登ってください　**アクセス**／(公)伊豆急下田駅から登山道入り口まで徒歩5分　(車)新東名長泉ICから100分、登山道入り口から山頂までは30分

火山の中心部には地下から上昇してくるマグマの通り道があります。下田富士は、はるか昔に活動を終えた海底火山が伊豆と本州の衝突とともに隆起、浸食され、火山の中心にあったマグマの通り道が姿を現したものです。登山道入り口から108段の階段と山道をあがると30分ほどで浅間神社が鎮座する山頂に着きます。途中、女人禁制と書かれた石碑があり、信仰の面影が残ります。3月と9月には例祭が行われています。

南-16

【爪木崎の俵磯】

／つめきざきのたわらいそ

基本情報

♥爪木崎では、毎年12月下旬から1月にかけて「水仙まつり」が開催されます ⚠俵磯の周囲には遊歩道が整備されていますが、急傾斜な場所や、歩道面に小石が浮いていることもありますので気をつけて歩いてください **アクセス**／(公)伊豆急下田駅より爪木崎行きバスで15分、終点爪木崎バス停下車すぐ (車)新東名長泉沼津ICより100分。爪木崎駐車場から俵磯までは徒歩5分 **トイレ**／駐車場そばに有り (駐)駐車場有り（有料）

爪木崎西側の海岸には、「俵磯」と呼ばれる柱状の岩が整然と積み重なった「柱状節理」が一面に広がっています。柱状節理は伊豆のあちこちで見られますが、ここ俵磯ではさまざまな角度から柱状節理が観察できます。柱の断面が並んでいる姿は、確かに俵を積み上げたようにも見えます。爪木崎の柱状節理は、海底火山の噴火でたまった地層の面に沿ってマグマが入り込んでできた「シル」と呼ばれる岩体の中にできたもので、伊豆と本州の衝突にともなう隆起と浸食で地表に姿を現しました。

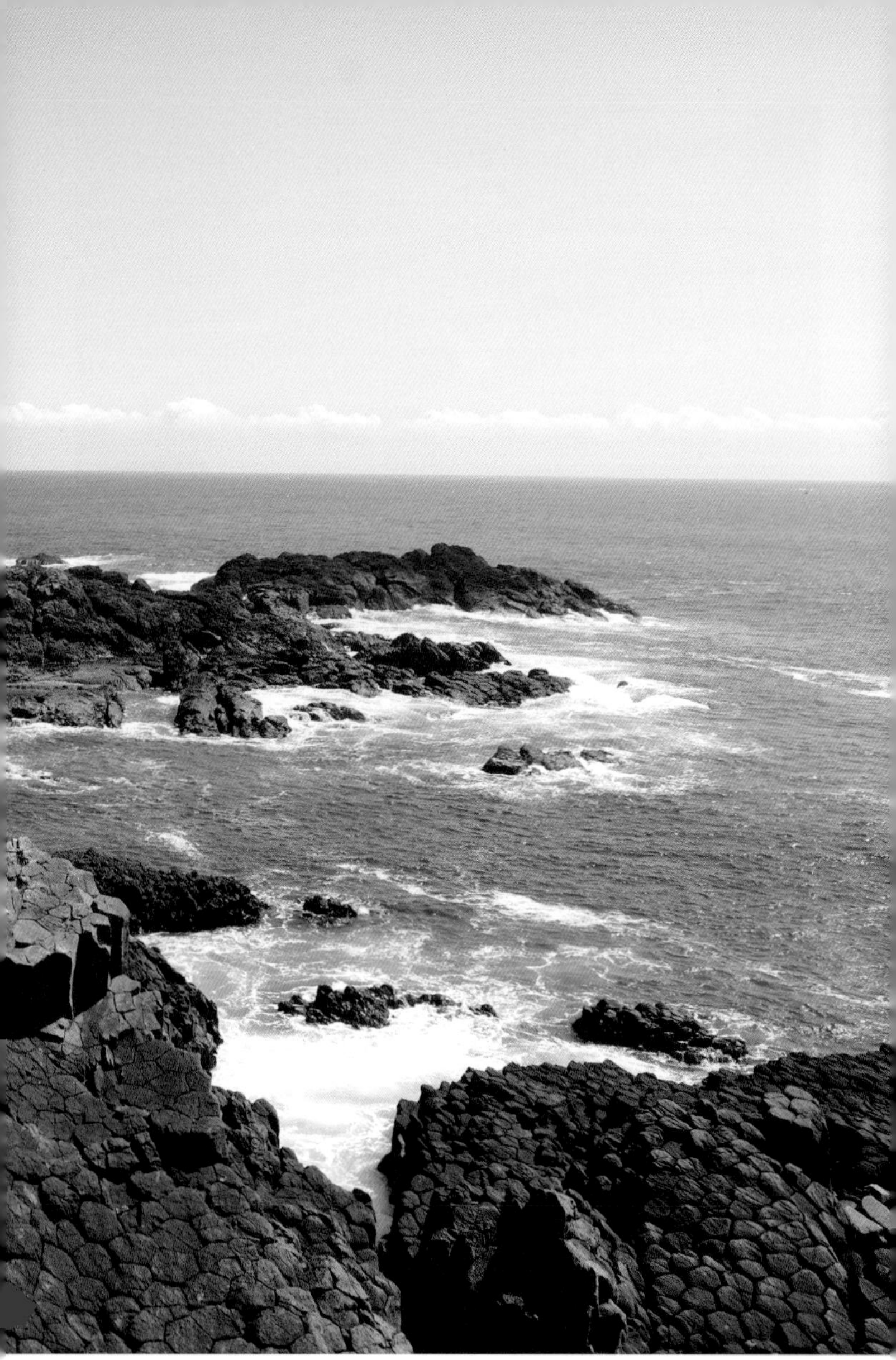

俵磯側から見た爪木崎。水仙が
咲く反対側のおだやかな風景と
対照的に雄大な魅力がある

南·17

【タカンバ海岸】

／タカンバかいがん

基本情報

⚠海岸周辺には遊歩道が整備されています。遊歩道から外れて海岸に近づく場合には、動きやすい服装で歩いてください。また、波が強いときには波打ち際に近づかないでください　**アクセス**／㊋伊豆急下田駅より爪木崎行きバスで10分、爪木崎グリーンエリアバス停下車、徒歩10分　**トイレ**／駐車場内に有り　㊟九十浜海水浴場駐車場、爪木崎グリーンエリア駐車場利用（季節により有料）

岬の草原は、初夏のイズアサツキ、イソギクの花畑の時期が特に素晴らしい景色になります。海底火山の痕跡が残るこの海岸は、地下で起こった熱水の活動により赤みを帯び、岩の亀裂などには沸石などのさまざまな鉱物が生じています（採取はできません）。波打ち際で浸食されてできた平坦面や、地殻変動により隆起してできた階段状の地形（隆起海食台）も観察できます。

南-18

【恵比須島】

／えびすじま

基本情報

⚠落石注意の場所があります。水中を流れた土石流の地層は、大小さまざまな石や岩が長い年月をかけてくっつきあってできています。思ったよりも頑丈にくっついていますが、緩くなっている場所もあります。大きな石や岩のある場所では落石に十分注意してください。また、倒木や落枝などにも注意が必要です。波の強いときには遊歩道に波がかかります **アクセス**／㊋伊豆急下田駅より須崎海岸行きバスで15分、須崎海岸バス停下車、徒歩5分 ㊛新東名長泉沼津インターから100分 **トイレ**／有り ㊟有り（少数）

恵比須島は橋で渡ることができる小さな島です。島を一周する遊歩道には、軽石や火山灰が作る美しい縞模様や、荒々しい水底土石流など、太古の海底火山の名残が残ります。地殻変動によって少し傾いた地層は、遊歩道に沿ってつぎつぎと姿を変え、楽しいジオ散歩を楽しむことができます。また、島の南側に立つと伊豆諸島や神子元島を一望できます。

島のまわりにある磯遊びスポットの千畳敷は、現在も続いている地殻変動の証拠でもあります。この島の頂上付近にある夷子遺跡で古墳～奈良期の土器が出土し、また、古代の儀式の跡と見られるたき火跡（祭祀遺跡）も確認されました。古代の人々は島の頂でかがり火を焚き、海の安全や豊漁などを祈ったのかもしれません。もちろん今でも漁業が盛んな所です。地のものをふんだんに使った郷土料理「いけんだ煮」がおススメです。

伊豆半島の南部海岸では、海に突き出した岬などに、夷子遺跡のような祭祀遺跡が多く見られ、海と人々の暮らしとの深いつながりを感じさせます。

南-19

【白濱神社】

／しらはまじんじゃ

基本情報

♥アオギリ自生地（国指定文化財）、樹齢二千年ビャクシン樹木（県指定文化財）アオギリの自生地としては北限に近い場所です　**アクセス**／公伊豆急下田より南伊豆東海バス白浜方面行き10分、白浜神社バス停下車　車新東名長泉沼津ICより90分　駐60台（参拝者は1時間以内無料、祈願者は2時間以内無料）

祭神の「伊古奈比咩命《いこなひめのみこと》」は、かつて三嶋大社の「三嶋神」と共に三宅島に祭られていたとされています。『日本後記』によると荒ぶった伊古奈比咩命が天変地異を引き起こし、朝廷は女神の怒りを鎮めるために三嶋神と共に伊古奈比咩命を「名神」（国が別格の神社として祭る）として定めました。この天変地異は平安時代初期の（832年）三宅島での噴火と解釈されています。神社の裏手の海岸には鳥居が立てられており、10月下旬に行われる例大祭のはじめには、伊豆七島の神々に祭りのはじまりを告げる「火達祭」が、おわりには祭の終わりを告げる「御幣流し」がとり行われます。

南-20

【白浜海岸】

／しらはまかいがん

基本情報

アクセス／(公)伊豆急下田駅より南伊豆東海バス白浜方面行き10分白浜バス停下車　(車)新東名長泉沼津ICより90分

(駐)有り

白浜海岸を取り囲む白い崖は、伊豆が半島になる前の海底火山時代、海底に降り積もった火山灰や軽石の地層で、地層の中には貝殻などの化石も見られます。白い砂浜とエメラルドグリーンの海が広がる日本でも屈指の海水浴場。サーフィンのメッカで多くの大会も開催されます。海岸の岩場の一部は白濱神社の神域にもなっています。海に向かう鳥居は伊豆諸島と伊豆半島とのかかわりを今に伝えています。

コラム・観光

伊豆半島最南端を行く

文・新名阿津子
（伊豆半島ジオパーク専任研究員）

南伊豆町と聞いて、何が思い浮かびますか。青い空と青い海、南国の暖かな空気、穏やかな人々、海の幸と山の幸、湯けむりの旅情でしょうか。もちろん、その全てが南伊豆にあります。

もし初めて南伊豆を訪れるなら、まず石廊崎オーシャンパークを目指しましょう。ここにはジオガイドさんがいて、あなたの旅のお手伝いをしてくれます。もしお時間があるならそのままガイドさんと一緒に石廊崎をめぐるガイドツアーへ出かけるのがよいでしょう。航海の難所を照らしてきた石廊埼灯台、どうやってここに建てたのか見れば見るほど不思議な石廊神社、バリバリと音が聞こえてきそうな水冷破砕溶岩の佇まい、飛鳥時代の呪術者である役行者に由来する蓑掛岩など、ジオガイドさんが伊豆半島最南端の岬をめぐる物語を話してくれます。

陸上を堪能したら、次は海へ。遊覧船に乗ってもよし、シーカヤックに挑戦するもよし。あなたが漕ぎ出したこの海のその深さを想像してみてください。伊豆半島は相模湾と駿河湾に囲まれた半島です。駿河湾は日本で一番深い湾であり、最も深いとこ

海から見える石廊崎

石廊崎港から出港する遊覧船

伊豆半島、最南端を行く COLUMN

ろで水深約2500mあります。ちなみに、相模灘は最も深いところで約1600mと日本で二番目に深い湾です。この深い海は、伊豆半島がフィリピン海プレートの上にあり、そのフィリピン海プレートがユーラシアプレートに沈み込んでいくその境界に形成されています。なので、あなたが漕ぎ出したその海は、太平洋の縁辺海であるフィリピン海なのです。

　フィリピン海を堪能したら、汗を流しましょう。下賀茂温泉は豊富な湯量を誇る高温の塩化物泉です。源泉によっては100度を超えるものもあり、所々から立ち上る湯けむりが街の雰囲気を作っています。この温泉熱を利用して栽培されているのが温泉メロンで、南伊豆の特産品です。また、この温泉は塩分を含んでいるため、温泉と海水をあわせ、火を使わずに温泉熱だけで作る製塩も行われていました。

下賀茂温泉で汗を流したらお腹も空いてくる頃です。南伊豆グルメといえば、伊勢海老、サザエ、アワビなどの魚介類、ひじきやテングサなどの海藻類、温泉の熱で育てられた温泉メロン、春のタケノコ、秋の栗などがあります。伝統野菜であるアブラナ科の「かき菜」をお正月のお雑煮に使うのは、伊豆半島の中でも南伊豆だけに伝わるお雑煮です。また、農林水産物直売所「南伊豆湯の花」にはメイドイン南伊豆が揃っているので、マイバックを忘れずに持っていきましょう。

シーカヤックに最適なおだやかな小浦

サンゴ礁もみられる美しいヒリゾ浜

コラム・食

伊豆のキンメダイ

文・新名阿津子（伊豆半島ジオパーク専任研究員）

伊豆旅での楽しみは新鮮な魚介類を堪能することでしょう。マグロ、サバ、ブリ、アジ、伊勢海老、アワビといった馴染み深い魚介類から、タカアシガニ、メヒカリ、キス（ニギス）、ゲホウなどの深海魚、さらにはアユ、アマゴ、イワナといった淡水魚まで、多種多様な魚がとれるのが伊豆半島の特徴です。半島沿岸では漁村が発達し、漁師さんが網を干したり修理したりする光景が広がります。港では小型船から大型船団まで様々な船が係留されており、出港の時を待っています。港近くの食堂では、新鮮な魚介類を使った定食や海鮮丼、お寿司などが並び、どれにするか迷ってしまうことでしょう。

そんな伊豆半島を代表する魚の一つがキンメダイです。キンメダイはギョロッとした金色の目を持つ朱色の魚で、その大きさは40－50㎝ほど、重さは2kgにもなる高級魚です。名前こそキンメダイですが、鯛の仲間ではなく、水深200－800ｍに暮らす深海魚です。光が届かない深海で暮らすため、より多くの光を集めるために目が大きく発達しました。

フィリピン海に浮かぶ伊豆半島は水深2500ｍの駿河湾と水深1600ｍの相模灘に囲まれているので、港を出ると程なくキンメダイがいる深い海へとたどり着きます。この漁場と港の近さが新鮮なままでキンメダイを水揚げできる理由です。

キンメダイはその漁場から地キンメ、島キンメ、沖キンメの3種類に分けられます。地キンメは早朝に出港し

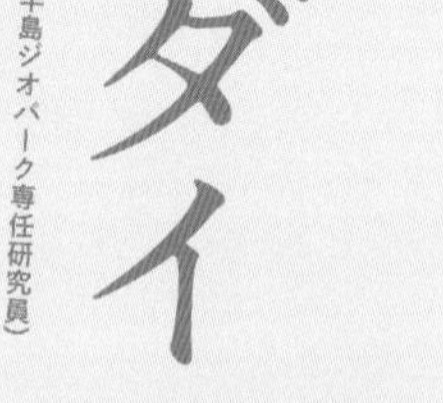

稲取港の風景

稲取では毎週末港の朝市が開かれています

腹を合わせるのには「腹を割ってお付き合いを」という意味もあるそう

写真提供：『しずおかのおかあさん ふるさとの百年ごはん』（発売元：静岡新聞社）

て昼には水揚げされるもので、最も鮮度の良いのが特徴です。「日戻り金目鯛」、「稲取金目鯛」としてブランド化もされています。小型船、中型船では幹縄に50本の枝縄をつけ、先端に2－3kgのおもりを付けた立縄漁法で漁獲しています。また大型船では底立てはえ縄漁法という方法を使っていますが、漁業資源管理の観点から網を使った漁は禁止されています。島キンメは地キンメの漁場よりも少し沖にでたところでとれるもので、沖キンメは水揚げまで数日かかる漁場でとれたキンメダイです。

稲取の伝統料理に「キンメの腹合わせ」があります。これは姿煮にしたキンメダイ2尾のお腹側をあわせて盛り付けたもので、ハレの日に食べられていました。キンメダイの旬は年に2度やってきます。産卵前の5－6月と冬の12－2月です。この時期のキンメダイは脂のりがよく肉厚で、甘みがお口いっぱいに広がります。伊豆急行では朱色の車体が眩しい「キンメ電車」が2017年から運行しています。キンメ電車に乗ってキンメダイと伊豆の漁村を訪ねてみるのはいかがでしょうか。

コラム・文化

伊豆石の使い方

文・新名阿津子（伊豆半島ジオパーク専任研究員）

伊豆半島を代表する石材といえば伊豆石です。伊豆石には軟石と堅石の2種類があります。軟石は火山から噴出した火山灰の粒や軽石が固まってできたもので、堅石に比べてやわらかく加工しやすいという特徴があります。堅石は火山から流れ出した溶岩が冷えて固まったもので、軟石と比べて固くて丈夫であるという特徴がありますが、両者に共通するのは火に強く丈夫であるという点です。この伊豆石を伊豆半島ではどのように使ってきたのでしょうか。

下田のペリーロード周辺の街並みをみると、縞模様がかっこいい伊豆軟石を使った建物が立ち並んでいます。伊豆石の使い方の1つ目は建築資材です。伊下田周辺は海底火山の火山灰や軽石からなる地層が多く、伊豆軟石の産地でした。また江戸時代の下田は風待港として栄え、開国後も港町として賑わっており、「伊豆の下田に長居はおよし、縞の財布が空になる」と下田節で歌われるほど繁盛していました。そして、生命と財産を守るため、このように伊豆石の立派な蔵や建物が立ち並んだのでした。

情緒ある下田の街並み

伊豆堅石も江戸城の建築資材、築城石として使われました。伊豆堅石は矢穴技法と呼ばれる方法を用いて切り出されました。岩石の割りたいところにノミを使って矢穴と呼ばれる一列の穴

伊豆石の使い方 COLUMN

を彫り、その矢穴にクサビを打ち込んで岩石を割るという方法です。伊豆半島は石の産地であり、海上交通の要所でもありました。伊豆堅石は主に東海岸の石丁場で採石され、海を渡って江戸へと運ばれていきました。

伊豆石の使い方その2は石仏です。伊豆半島の道端では伊豆軟石でできた、丸っこくて愛らしい道祖神がまつられています（伊豆半島での特徴については本書の「道祖神」を参考に）。また神社の境内にある狛犬も伊豆軟石で作られているものがあります。湯ヶ島の天城神社にまつられている伊豆軟石でできた狛犬は、一風変わった狛犬です。普通なら阿吽一対の狛犬が向かい合って座しているのですが、天城神社の狛犬は向かい合わずに並んで天城山を睨んでいます。その理由は狛犬の昔話にあります。肩を痛めた旅人が湯ヶ島で湯治し、世話になったお礼に、川で拾った石に弘法大師と一対の狛犬を彫っていきました。当時、天城では山犬の被害が大きかったのですが、天城山を睨む狛犬が奉納されると、その被害がなくなりました。そして、ここにお堂が建てられ、村人の信仰を集めたのでした。

天城神社のユニークな狛犬さん
写真提供：© 佐野勇人

伊豆石の使い方その3は埋葬です。これは古代にまでさかのぼります。田方平野周辺では7世紀頃から横穴墓がつくられるようになりました。狩野川の左岸では海底にたまった火山灰の地層のところに作られ、狩野川の右岸では箱根火山の火砕流堆積物を利用して作られているという違いがありますが、どちらもやわらかく掘りやすいという特徴があります。伊豆の国市にある北江間横穴群は7～8世紀頃の横穴墓群です。横穴墓の内部には石棺が据えられているものもあれば、骨を入れる石櫃《せきひつ》が納められていたものもあり、埋葬方法の変化がわかります。長泉町の原分古墳では、別の古墳から出土した当時の家型石棺が展示されています。

北江間横穴群

rn Area
of
IZU Peninsula
伊豆の国市
沼津市
伊豆市
戸田漁港
土肥港
浄蓮の滝
賀茂郡
西伊豆町
田子漁港
松崎港
松崎町
河津町
西-01
西-02
西-03
西-04
西-05
西-06
西-07
西-08
西-09
西-10
西-11
西-12
西-13
西-14
西-15
西-16
西-17
西-18
西-19
西-20

西伊豆エリア

Weste

美しい夕日で知られる西伊豆エリア。
堂ヶ島から仁科にかけては、
太古の海底火山を形作っていたパーツが
後年の浸食によってあらわになった、
世界的にも美しく多様な地層として見応えも十分です。
太古のロマンを感じながら、
ゆったりと熱い温泉を楽しみましょう。

西-01

【烏帽子山】

／えぼしやま

基本情報

♥松崎町観光協会では、9月から6月の間、松崎町のジオサイト（千貫門や烏帽子山など）を海から眺める「ジオサイトクルーズ」を実施しています。堂ヶ島から出航する堂ヶ島マリン「千貫門クルーズ」もおすすめ。山登りで汗をかいた後は雲見温泉の立ち寄り湯や足湯でひとやすみ！問合せ：松崎町観光協会 izumatsuzakinet.com

⚠急な階段を登ります。山頂付近はごつごつの岩場になっていますので、歩きやすい服装が必要です　**アクセス**／(公)伊豆急蓮台寺駅より松崎・堂ヶ島行バスで40分、松崎で乗り換え、雲見入谷行バスで20分雲見温泉下車徒歩30分　(車)新東名長泉沼津ICより120分　**トイレ**／登り口にあります。登り道の途中や山頂にはトイレはありませんのでご注意ください　(駐)雲見海水浴場の駐車場が利用可

烏帽子山は、標高160メートルを越える高さにそびえる火山の根です。海から急傾斜で立ち上がる烏帽子山の姿は大迫力です。

山頂の雲見浅間神社へ続く歩道もあります。参道入口から約130段の石段の上に拝殿、その先の約320段の石段の上に中之宮、さらにそこから山道を登るとようやく本殿です。山頂からは伊豆西南海岸や富士山、駿河湾の絶景を楽しめます。

この山には、木花咲耶姫命と磐長姫命にまつわる物語もあります。

西-02

【千貫門】

／せんがんもん

千貫門は火山の根の一部で、巨大な岩の中央部には波の浸食によってできた海食洞が「門」を形作っています。この「門」は烏帽子山の山頂にある雲見浅間神社の門（浅間門《せんげんもん》）ともされています。また、この岩を見ることが「千貫《せんがん》の価値がある」ということで「千貫門」と呼ばれるようになったともいわれています。

基本情報

♥松崎町観光協会では、9月から6月の間、松崎町のジオサイト（千貫門や烏帽子山など）を海から眺める「ジオサイトクルーズ」を実施しています。堂ヶ島から出航する堂ヶ島マリン「千貫門クルーズ」もおすすめ ⚠千貫門に至る道の一部には落石よけのフェンスが設置されていますが、歩行者側でも落石に注意しましょう。千貫門の一部に崩落している場所がありますので大きな岩がたくさん落ちているような場所には近づかないようにしてください。千貫門付近の崖には、過去の火山活動による熱によって黄色や赤色に「変質」した岩石が露出しています。変質した岩石はもろく落石の危険性がありますので、崖には近寄らないようにしてください。できればヘルメットをかぶって訪問することが望ましいです

アクセス／(公)伊豆急蓮台寺駅より松崎・堂ヶ島行バスで40分、松崎で乗り換え、雲見入谷行バスで20分雲見温泉バス停下車、徒歩30分 (車)新東名長泉沼津ICより１２０分

西-03

【石部の棚田】

／いしぶのたなだ

基本情報

♥棚田の中は車ですれ違うのが難しい狭く入り組んだ道です。見学する際は棚田を見渡すことができる展望台がおすすめです。展望台には駐車場もあります　**アクセス**／R136号（マーガレットライン）下田より車で60分、松崎より25分

約140万年前の噴火でできた蛇石火山の裾野にある棚田。火山がもたらす豊富な湧水や地下水が地すべりを引き起こし、棚田として利用される緩斜面を作り出しました。地すべりの原因のひとつにもなった地下水は、棚田の水源にもなっています。このような場所を棚田にすることで、地すべりによってもまれた良い土でおいしい作物が採れ、新たな地すべりの発生を抑制する効果があるとも考えられています。この棚田は、江戸時代後期に山津波によって崩壊してしまいましたが、その後20年間にわたる過酷な作業の末、復田しました。一時は使われなくなっていましたが、保存活動により現在は静岡県棚田十選に選ばれるほどの美しい棚田が維持されています。栽培されている古代米からは焼酎（百笑一喜）も醸造されています。

西-04

【室岩洞】

／むろいわどう

基本情報

♥洞内は8時30分～17時のあいだ、照明が点灯しています ⚠駐車場から洞へ降りる道へは見通しの悪い道路を横断しますので、十分注意してください。遊歩道は整備されていますが、急な階段があります。洞窟内は頭をぶつけないようにして、落石などにも注意してください **アクセス**／(公)伊豆急下田駅より堂ヶ島行きバスで50分、松崎でタクシーに乗り換え10分 (車)新東名長泉沼津ICより110分 (駐)無料だが、普通車数台が限度。マイクロバス駐車可能

半島が海底火山であった時代に海底に降り積もった火山灰は長い年月を経て凝灰岩へと変化し、「伊豆石《いずいし》」と呼ばれる石材としてさまざまな場所で重宝されてきました。室岩洞《むろいわどう》はその「伊豆石」を切り出していた石切り場（石丁場）の跡であり、昭和初期まで活用されていました。閉山後の1982年に観光整備され、ちょっとしたスリルを感じながらトンネル状の石丁場内の地層や石切跡を観察できます。地層の中から石材を決まったサイズで切り出すにはさまざまな工夫が必要でした。手掘りで採石していた頃の職人の工夫の痕跡も見どころです。

西-05

【弁天島】

／べんてんじま

基本情報

⚠弁天島を一周する遊歩道では、落石や海への転落に注意してください。水冷破砕溶岩は、砕けた溶岩片の集合体です。硬く固結してはいますが、風化などにより溶岩のブロックが脱落したり、亀裂に沿って大きく崩落したりすることがあります　**アクセス**／(公)伊豆箱根鉄道修善寺駅より松崎行きバス80分松崎バス停より徒歩7分　(車)新東名長泉沼津ICより100分

かつては「古代島」(巨鯛島)と呼ばれ、海岸より海を渡って往来した小島でしたが、1967年の河川工事により陸続きとなりました。99段の石段を登りつめた頂上には、厳島神社が鎮座しています。島の周囲にある一周200mほどの遊歩道では、伊豆が南の海にあった頃に海底に流れ出た溶岩の地層が見られます。

海底噴火で溶岩が海底を流れると、海水で急激に冷やされて砕けてしまいます。こうしてばらばらに砕けた岩が海底火山の斜面を流れ下った地層は、ごつごつした迫力ある景色を作りだしています。

こうした岩場にはウバメガシ(備長炭の材料)が生い茂り、スカシユリなどの岩場に特徴的な植物が見られ、岩場と林、海の景色を楽しむことができます。

西-06

【一色の枕状溶岩】

／いしきのまくらじょうようがん

基本情報

⚠枕状溶岩の崖はもろい場所もあります。崖に近寄りすぎないように注意して観察してください　アクセス／車 新東名長泉沼津ICより100分 駐 現地解説看板の前に数台駐車できます

伊豆半島で最も古い時代の地層である仁科層群（約2000万年前〜）は、その大部分が海底噴火で流れ出した溶岩や水底土石流の堆積物からなります。一色《いしき》の枕状溶岩はこの仁科層群に含まれる溶岩流の一部です。粘り気の少ない溶岩が水底に流れ出ると、表面張力や急冷によって枕（チューブ状）のような形になります。ここでは、積み重なった枕状溶岩の断面を観察することができます。近くの小川では南洋の貝の化石も見つかるかもしれません。

西-07

【沢田公園】

／さわだこうえん

基本情報

♥沢田公園には堂ヶ島の景色を一望できる露天風呂（沢田公園露天風呂）があります。近くの仁科漁港にある漁協直営「沖あがり食堂」では特産のイカが食べられます。直売所「はんばた市場」もおすすめ **アクセス**／㊣伊豆急蓮台寺駅より松崎・堂ヶ島行バスで50分。乗浜バス停下車徒歩5分 ㊟新東名長泉沼津ICより90分、R136堂ヶ島より南へ5分

海底火山の噴火にともなう水底土石流や、海底にふり積もった軽石・火山灰層が作る景観。近くにある白岩山岩壁窟画（町指定文化財）では白色の海底火山灰層に掘りこまれた洞窟の中に仏像が描かれており、自然と人間文化との関わりの一端を知ることができます。

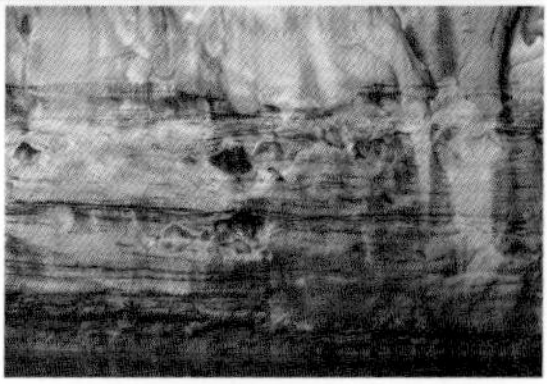

西-08

【枯野公園】

／かるのこうえん

基本情報

アクセス／(公)伊豆急蓮台寺駅より松崎・堂ヶ島行バスで50分。乗浜バス停下車徒歩7分 (車)新東名長泉沼津ICより90分、R136堂ヶ島より南へ5分

海底火山の噴火にともなう水底土石流や、海底に流れ出した水冷破砕溶岩の地層。

海底に降り積もった白い火山灰の地層の一部は、やわらかいうちに変形をうけ、蛇がうねったような模様ができています。枯野は「15代応神《おうじん》天皇の命を受けて船を建造した造船場の跡」と日本書紀に記される歴史ある場所。昭和の初めに行われた港湾工事では、伊豆半島最古の弥生式土器が発掘され、一抱えほどの黒曜石の原石も発見されました。

西-09

【堂ヶ島】

／どうがしま

堂ヶ島は、伊豆半島が海底火山だったころの代表的な地層が見られる場所です。これまでにも多くの研究がこの地で行われ、海底火山の噴火で起こるさまざまな現象について考察されてきました。

堂ヶ島海岸の崖には、海底火山の噴火にともなう水底土石流と、その上に降り積もった軽石・火山灰層が見られます。美しく折り重なる白い火山灰層は堂ヶ島の特徴的な景観を作り出しています。また、海岸の崖には、波がうがった洞窟（海食洞）である「天窓洞《てんそうどう》」（国指定天然記念物）があり、遊歩道や遊覧船から楽しむことができます。特に遊覧船では、さまざまな模様に彩られた海岸の崖を楽しみつつ海から海食洞に入ることができ、天窓洞が波に作られた洞窟の天窓である様子がよくわかります。次々と姿を変える海底火山噴出物の様子を概観するのに最適です。

基本情報

♥堂ヶ島マリン：ジオサイトを海から見る迫力のツアー。毎週土曜日にはジオガイドが案内するジオサイトクルーズ有り　堂ヶ島ジオツアー：毎日4回開催のミニジオツアー（最少催行人数4名）　⚠波打ち際の遊歩道は十分注意して歩いてください／**アクセス**／(公)伊豆急行蓮台寺駅よりバス40分、伊豆箱根鉄道修善寺駅よりバス90分、堂ヶ島バス停下車徒歩3分　(車)新東名長泉沼津ICより90分

日本一の夕日と謳われる西伊豆の夕景

西-10

【三四郎島とトンボロ】

／さんしろうじまとトンボロ

基本情報

♥トンボロが見られるのは干潮時のみです。付近の海の干潮時刻・潮高は西伊豆町のwebサイトに掲載されています ⚠干潮時に現れる磯は海藻や藻などで滑ります。磯の生き物などをゆっくり観察しましょう。潮が満ちてくると、海の中の道はなくなってしまいます。余裕をもって行動しましょう

アクセス／㊋伊豆急行蓮台寺駅よりバス40分、伊豆箱根鉄道修善寺駅よりバス90分。瀬浜バス停下車徒歩3分 (車)新東名長泉沼津ICより90分 (駐)堂ヶ島瀬浜海岸に無料駐車場有り

見る角度によって3つにも4つにも島が見えることから、三四郎島と呼ばれています。かつての海底火山の地下にあったマグマの通り道の名残です。三四郎島の陸側には、島を回り込んできた波によって石や岩がたまり、細長い浅瀬ができています。干潮時には浅瀬が海上に姿を現し、海岸から対岸の三四郎島へと歩いて渡ることができます。こうした現象を「トンボロ現象」といいます。海上に姿を現した細長い道にはさまざまな海の生物が取り残され、生物観察の適地でもあります。4つの島からなる「三四郎島」では、マグマが冷えて固まる際に収縮してできる柱状節理が見事。三四郎島のひとつ「象島」は柱状節理のつくる模様が本物の象のようです。この島の象っぽい姿は遊覧船からよく見えます。源氏の家来だった伊豆の三四郎にまつわる悲恋の伝説も残ります。この地域の天草の水揚げは日本一を誇り、その天草で作ったところてんは絶品です。

写真提供：西伊豆町観光協会

西-11

【浮島海岸】

／ふとうかいがん

基本情報

⚠岩脈群周辺は歩きにくい礫浜のため、歩きやすい服装で足元に注意して歩いてください。また落石の危険がありますので、崖に近寄りすぎないようにしてください　**アクセス**／(公)伊豆急行下田駅よりバス60分、伊豆箱根鉄道修善寺駅よりバス85分浮島バス停下車徒歩10分　(車)新東名長泉沼津ICより船原峠経由90分　(駐)浮島海水浴場駐車場が利用可

地下深くからマグマが地表を目指して移動するとき、上昇するマグマは亀裂を作りながらその中を移動してきます。そのため、マグマが移動した後には、亀裂の中でマグマが固まり、板のような形をした「マグマの通り道」ができます。こうした板状のマグマの通り道のことを「岩脈」といいます。浮島《ふとう》海岸では、かつての海底火山にマグマを供給したマグマの通り道である岩脈群を観察することができます。何回も繰り返し上昇したマグマは、地下にたくさんの岩脈を作り出しました。地下にあった岩脈群は、伊豆と本州の衝突に伴って隆起しました。その後、岩脈のまわりにあった柔らかい地層が浸食され、固い岩脈が背びれのようにして地上に姿を現しました。海岸にそびえたつ板状の奇岩のひとつひとつが、かつてのマグマの通り道なのです。

西-12

【燈明ヶ崎・田子】

／とうみょうがさき・たご

基本情報

アクセス／燈明ヶ崎へは／(公)伊豆箱根鉄道修善寺駅よりバスで浮島バス停下車徒歩（3・2㎞）1時間15分 (車)新東名長泉沼津ICより船原峠経由70分

田子へは／(公)伊豆箱根鉄道修善寺駅よりバスで80分田子バス停下車　タクシーで10分 (車)新東名長泉沼津ICより船原峠経由70分

田子港と浮島海岸をむすぶ「燈明ヶ崎遊歩道」では、海底火山の噴出物が作り出した迫力ある海岸線を見ることができます。浮島海岸から遊歩道を少し進むと燈明ヶ崎です。目の前に広がる駿河湾のはるか向こうに南アルプスまで見渡せる絶景スポットとなっています。燈明ヶ崎は、かつて灯台の前身として「燈明堂」があったことからそう呼ばれています。遊歩道下の海岸では磯釣りができ、秋のツワブキ、春のツバキ、トベラ、ウバメガシなど、海岸植生の観察も楽しめます。田子の湾内には、海底火山の噴出物が作り出した数多くの岩礁が分布し、独特な景観を作り出しています。

大田子海岸にある夕陽展望所は西伊豆の風景に沈む夕陽を望む、代表的な夕陽スポットです。

西-13

【黄金崎】

／こがねざき

基本情報

♥黄金崎の入口付近にある黄金崎クリスタルパークでは、熱水変質の恵みであるガラスの材料（珪石）やガラス工芸品が展示されています ⚠黄金崎公園内の遊歩道の一部では、落石に注意してください **アクセス**／(公)伊豆箱根鉄道修善寺駅よりバスで75分 黄金崎クリスタルパークバス停下車徒歩10分 (車)新東名長泉沼津ICより80分 (駐)大型バス可

火山が作り出す地熱地帯の地下では、高温の温泉水によって岩石の成分が溶け出したり、新しい成分が沈殿したりする変質作用が起こります。夕陽に照らされ黄金色に輝くこの岬の岩石の色も、このような変質作用によって染め上げられたものです。近隣でとれる宇久須の珪石（ガラスの原料）や土肥金山もまた熱水変質の恵み。岬の駐車場にある休憩施設「こがねすと」はジオパークのビジターセンターも併設。ガイドの解説や周辺ジオサイトのパネル展示、詳しい海底地形図などもあります。駿河湾が広がる展望デッキからは富士山や西天城の山稜が望め、近くの黄金崎クリスタルパークではガラス文化を観賞できます。

西-14

【土肥金山】

／といきんざん

基本情報

アクセス／公伊豆箱根鉄道修善寺駅よりバスで50分土肥温泉バス停下車 車新東名長泉沼津ICより55分

火山が生み出す高い地熱は、伊豆にさまざまな鉱石を作り出してきました。金鉱山もそのひとつで、伊豆の各地で金の採掘が行われてきました。鉱山跡は、地質を知るだけでなく産業遺構として貴重な場所でもあります。土肥金山は、かつての坑道の一部が保全・整備され、資料館も併設されている観光鉱山です。江戸時代や明治時代には佐渡金山に次ぐ生産量を誇り、金40トン、銀４００トンを産出したと推定されています。当時の金山採掘の模様を電動人形などを用いて再現しています。資料館には金鉱石や、金を運び出した千石船の模型、当時の製法で鋳造された金貨などが展示されています。世界一の巨大金塊（２５０kg）に触れたり、砂金採りを実体験することもできます。坑道は車椅子利用者でも見学可能です（車椅子の貸し出しもあり）。近くには龕附《がんつき》天正鉱山という別の鉱山跡もあり、江戸時代の坑道がそのまま保全されています。

西-15

【龕附天正金鉱】

／がんつきてんしょうきんこう

基本情報

アクセス／公伊豆箱根鉄道修善寺駅よりバスで50分土肥温泉バス停下車 車新東名長泉沼津ICより55分

龕附《がんつき》天正鉱山は江戸時代の坑道がそのまま保全されています。土肥金山より古く、十分な換気設備が無かった時代の坑道です。土肥金山の坑道と見比べるのも面白いです。

採掘当時の姿が残された坑道には、換気のための竪坑など、さまざまな工夫が見られます。

約60ｍの坑道の奥には、掘り止めにあたって山の神を鎮めるための龕《がん》がつくられています。

西-16

【御浜岬】

／みはまみさき

基本情報

アクセス／公伊豆箱根鉄道修善寺駅よりバス50分戸田バス停下車、岬まで徒歩30分　車東名沼津ICより60分　駐御浜海水浴場駐車場

鳥のくちばしのような御浜岬は駿河湾の海流に運ばれた土砂が、湾の入り口部分に帯状にたまってできた砂嘴《さし》と呼ばれる地形です。戸田《へだ》港の外に広がる駿河湾は日本一深い湾で、多種多様な海洋生物のすみかでもあります。御浜岬に囲まれる戸田港は天然の良港で、深海に棲むタカアシガニや深海魚なども水揚げされます。岬の中にある駿河湾深海生物館や造船郷土資料博物館で戸田の歴史や自然の恵みを知ることができます。岬の中には静岡県の天然記念物にも指定されているイヌマキ林が分布しています。なかには樹齢100年を越える木もあり、これらの木々は過去に何回もの津波に耐えた優秀な防災林でもあります。岬の対岸にある出逢い岬からは岬の全体を見下ろすことができます。

西-17

【井田】

／いた

基本情報

アクセス／㊥東名沼津ICより65分 ㊟近くに井田海水浴場駐車場有り（有料）

海岸の崖では、井田火山の噴出物断面が観察できます。井田の集落は大きな谷間の出口付近に立地しており、この谷間は、井田火山の西半分が浸食を受けてできました。井田火山は達磨山よりやや新しい火山（噴火期間は80万～40万年前）ですが、激しい浸食を受けたために元の山体をほとんど残していません。

西-18

【井田の明神池】

／いたのみょうじんいけ

基本情報

アクセス／**煌めきの丘へ**／㊥東名沼津ICより70分、井田の集落が一望できます。駐車場やトイレもあります

海流に沿って伸びるように砂嘴が形作られた大瀬崎や戸田御浜岬とは異なり、井田では砂嘴の先端が湾を閉じる形になりました。砂嘴が閉じたものを砂州といい、砂州の陸地側には海から切り離されてしまった湖が残ります。こうしてできた水たまりが明神池の最初の姿です。その後、砂州の内側の湖の一部分は川が運んできた土砂などに埋められてしまい、現在の明神池ができました。明神池には淡水がたまり、淡水魚をはじめとした多くの生き物が棲んでいます。周囲に整備された遊歩道では、四季折々の草花を楽しむことができます。松江《すんごう》古墳群も見どころです。

西-19

【大瀬崎】

／おせざき

基本情報

♥毎年4月4日には、駿河湾の大漁・航海安全を祈願する「大瀬まつり」が行われます／**アクセス**／(公)JR沼津駅南口からバスで80分大瀬崎バス停下車 (車)東名沼津ICより60分 (駐)大瀬崎駐車場（有料）有り

駿河湾に突き出した大瀬崎は、海岸沿いの海流によって運ばれた岩や土砂が帯状にたまってできた砂嘴《さし》という地形です。砂嘴にかこまれた穏やかな海ではマリンレジャーも盛んです。大瀬崎の先端には神池と呼ばれる池があります。この池は海のすぐ近くにもかかわらず淡水の池なのですが、なぜここに淡水が湧くのかはわかっていません。また、岬の中の岩場には、自然の群生地としては日本最北端にあたるビャクシン樹林がひろがっています。中には推定樹齢1000年を越える老木もあり、厳しい自然環境や何度もの津波に耐えてきました。

西-20

【大瀬崎南火道】

／おせざきみなみかどう

基本情報

⚠歩道の終点から礫浜を歩く必要がありますので、歩きやすい服装が必要です。磯などを歩き慣れていない方にはお勧めできません。落石の危険があるため崖には近寄らないようにしてください　**アクセス**／大瀬崎より岬の外側（西側）の歩道を南に歩き、歩道の終点からは礫浜を１００ｍ程度進みます。礫浜は歩きにくいため、自信のない方は歩道終点付近から遠望することもできます　㊟大瀬崎駐車場（有料）有り

大瀬崎の西の海岸では、大瀬崎火山が流した溶岩の積み重なりや、大瀬崎南火道《かどう》の断面が観察できます。火道とは、火口直下にあるマグマの通り道のことで、中心にある岩脈から溶岩が何度も噴き出して外に流れ出した様子が、その後の浸食によってあらわになっています。積み重なる溶岩（灰色部分）は間に赤いクリンカー（溶岩の表面にできるがさがさした部分）を挟みます。クリンカーの赤さは岩石に含まれる鉄分が高温の状態で酸素に触れてできた酸化鉄の色。このことから、大瀬崎南火道からの噴火は陸上で起こったものであることがわかります。

コラム・食

伊豆の心太《ところてん》

文・新名阿津子（伊豆半島ジオパーク専任研究員）

暑くなってくると、涼を求めてツルツルっと食べたくなるのが心太です。この「心」に「太」と書いて「ところてん」と読みます。心太は正倉院文書や平安時代の辞書である『和名類聚抄』にも登場する食べ物です。『出雲風土記』にも原料であるテングサが「凝海藻（こもるは）」という和名で記されています。この凝海藻を溶かし、煮こごらせて作られたものに「心太」の字が当てられ、その読み方が「ココロフト」、「ココロテイ」、「ココロテン」と変化し、江戸時代に「トコロテン」となったといわれています。

伊豆は心太の原料であるテングサの産地です。テングサは温暖で浅い海で育つ紅藻です。伊豆半島沿岸には温暖な黒潮が流れ、岩礁が浅い海を作っています。伊豆の山々から窒素やリンなどの栄養分が供給され、海を豊かにします。このような自然環境が良質のテングサを育んでいます。

初夏に西伊豆から南伊豆にかけて旅をしていると、沿岸部ではテングサを干している光景に出会います。海から上がったばかりの紅いテングサは水で洗って塩抜きをし、太陽の光で乾燥させます。この塩抜きと天日干しを繰り

テングサの出荷準備をする女性たち

伊豆の心太 COLUMN

浜辺にテングサを広げて天日干しする光景も季節の風物詩のひとつです

返すことで白っぽく変化していきます。このときに貝殻などの不純物を取り除いていきます。海に目をやると、漁師さんや海女さんが海に潜り、手摘みでテングサを採っていきます。テングサが収穫できる大きさになるには1年はかかるため、来年も収穫できるように根を残して採取していきます。このように伊豆のテングサは、手間暇をかけて丁寧に作られているのです。

もともと伊豆ではテングサは畑の肥料に使っていましたが、江戸時代、京都伏見で寒天の製造が始まったことで、需要が高まり、伊豆はテングサの一大産地となりました。寒天は冷凍と解凍を繰り返した心太を乾燥させたもので、和菓子の原材料となる乾物です。冬の寒さと日照時間、乾燥が生産に適していることから、農閑期の農家の副業として長野県諏訪地方が寒天の一大産地となりました。今では寒天の用途は和菓子にとどまらず、ハイテク素材から医薬品まで多様化し、製造工程は機械化され、その原材料も輸入されるようになりました。

テングサから作られる心太と寒天は日本の四季と深い関係があります。歳時記を見ると、心太は夏の季語、寒天は冬の季語です。心太を詠んだ句には「清滝の水汲みよせてところてん（松尾芭蕉）」や「立ちながら心太くふ飛脚哉（正岡子規）」があります。寒天は「水槽に寒天浮いて夕さりぬ（芥川龍之介）」、「寒天に棕梠の葉そよぐ見て登る（北原白秋）」があります。

写真提供：© 津留崎徹花

コラム・ジオ

今でもホカホカ!

火山が作った温泉半島

文・朝日克彦
（伊豆半島ジオパーク専任研究員）

伊豆半島は熱海、伊東の大温泉を抱える温泉地です。東京方面からの来訪者にとって伊豆といえば箱根同様に「温泉」が思い浮かび、温泉に逗留してゆっくりしたいというのは観光の大きな目的になっています。箱根の温泉といえば大涌谷に代表されるように、各所で温泉熱の湯気が湧き上がり、湯に浸かれば硫化水素の香り漂う白濁した湯…こんなイメージが湧いてきます。

伊豆も温泉地の名を馳せはするものの湯けむり漂う温泉街―そんなイメージには結びつきませんし、どんな湯に浸かれるのかもまるで知られていません。それなのに温泉地としては国内有数といわれています。客観的に考えると少し不思議なことです。そこで、伊豆半島でどうして温泉が湧くのか手短に解説してみましょう。これはとりもなおさずどんな泉質の湯が湧くのかということでもあるのです。

図をご覧下さい。これは標高マイナス３００ｍの深さでの地温分布です。所々に地温が高い場所があり、中には１００度に達する高温地もあります。伊豆半島は火山の大地でそのなり立ちは火山の噴火です。天城山や達磨山を

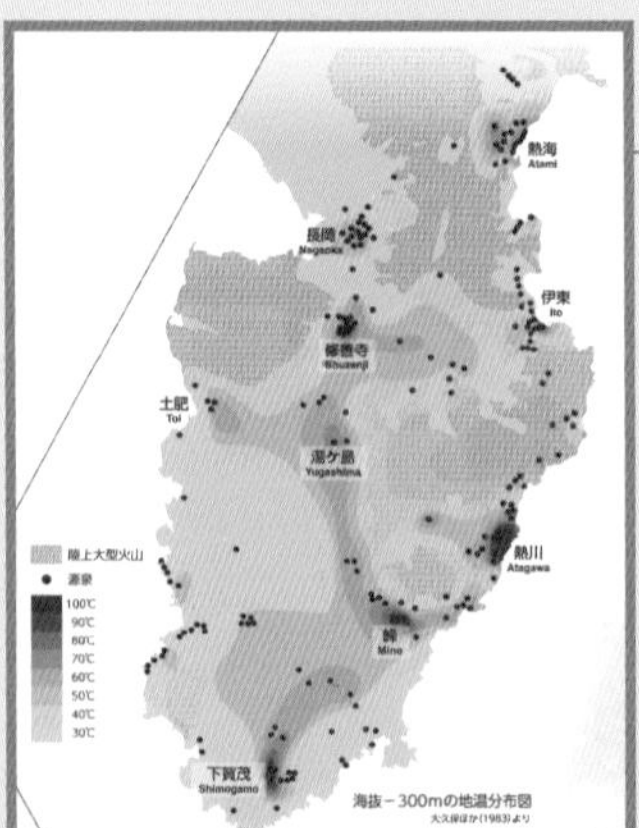

伊豆の地温分布図（引用 大久保ほか、1983）

火山が作った温泉半島 COLUMN

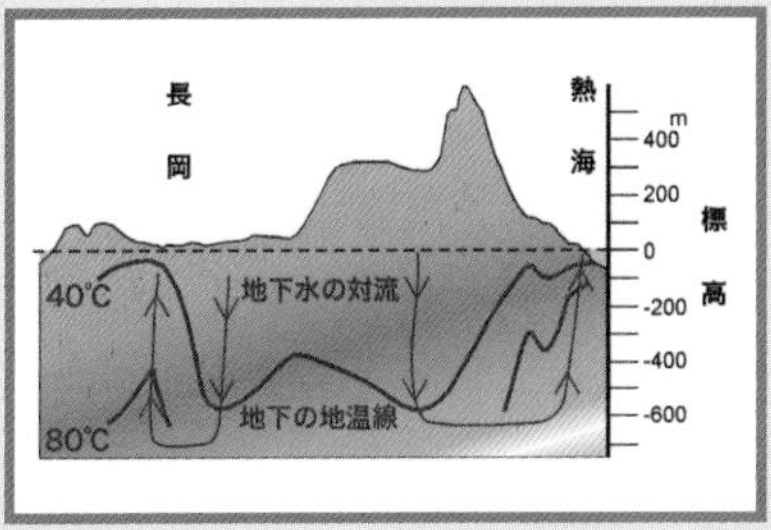

地温断面図（大久保ほか（1983）を改変）

はじめとする伊豆半島の主だった山々は数十万年前まで活発に噴火を繰り返していました。その時の噴火の余熱がまだ地下に残っているのです。この熱で地下水が温められて密度が下がるので上昇して湧き上がり、元来の自然湧出泉になります。逆に雨水が地下に染みこみ地下水を涵養する場所もあります。したがって伊豆の地下で水の循環が起きていて、そのうち地下から暖かい水が湧き上がるのが「温泉」という訳です（図）。地下水が地熱で温められた温泉ですから泉質は単純泉が多く、地下に滲みた海水が温められれば塩化物ーナトリウム泉です。ですから湯の色はほとんどの温泉で無色透明です。

　こういう理由で伊豆半島の温泉は箱根の温泉のような多様さや情緒あふれる景観とも縁遠い、どちらかというと平凡な温泉が多いのは事実です。とはいえ、一部の温泉では水に含まれる鉄イオンが地上で空気に触れて茶色く変化するものもあります。また、地下に滲みた海水が100度近い高熱で煮詰められ、塩化物が濃集して温泉水中の溶存物質量がたいへん多い湯（高張泉）も偏在しています。体液よりも濃い湯に浸かると成分が体にガツンと来ますから、実に入り甲斐のある湯です。一方で溶存物質量の少ない単純泉は長い時間、ゆっくりと浸かっていることができます。伊豆の温泉では湯の濃淡を愉しみの1つにしてみてはいかがでしょう。

河津町にある舟戸の番屋

伊東市赤沢の赤沢露天風呂（足湯です）

コラム・ジオ

ジオパークとSDGs

ジオパークはユネスコ（国際連合教育科学文化機関）が世界中で進めているプログラムです。2021年1月現在、日本には43地域の日本ジオパークがあり、そのうち9地域がユネスコ世界ジオパークとして活動をしています。日本ジオパークとユネスコ世界ジオパークは日本国内の機関が認定するか、ユネスコが認定するかで異なっていますが、目指すところは同じです。これらの地域はどうしてジオパークの認定を目指し、活動をしているのでしょうか？

ジオパークの見どころというと、どのような場所をイメージするでしょうか？火山の噴火でできたかっこいい形の山、海岸の険しい崖を彩る地層、断層が作った変わった地形などをイメージする方が多いかもしれません。もちろんそうした「地球の活動を物語るもの」はジオパークの根幹となる重要な見どころであり、学びの場です。でも実はジオパークが大切にしてるのはそれだけではありません。火山や地殻変動、風雨や波による侵食によって作られた大地の上には、動物や植物が暮らす場が広がっています。動植物もどこに暮らしてもよいというわけではなく、地形や地質、気象条件などによってそこに住む生き物は変化します。時には特別な条件で生息する動植物がその地域の特産品になっているかもしれません。私たち人間もやはり土地や生態系の中で暮らしを営み、地域ならではの歴史や文化・産業を築いてきました。ジオパークを学び・楽しむことで、地球そのものを含む自然と私たち人間のかかわりをみなさんに感じてほしいのです。そのために、ジオパークに住む人やそこを訪れる人は、その地域の特徴でもある貴重な自然や文化を「守り」「上手に使う」ためのさまざまな活動をしています。ジオパークはもちろん「場」ではありますが、「活動」でもあるのです。

2015年の国連サミットで、「持続可能な開発」を実現するために2030年までに達成するための目標を示したSDGs（持続可能な開発目標）が採択されました。「持続可能な開発」は、自然や文化的環境をきちんと維持・改善しつつ、人々が支えあい、経済的にも成長していくという社会を目指すものです。人間の活動は普段はあまり意識しないかもしれませんが、自然環境に強く依存しています。逆に人間の活動も自然環境に影響を及ぼしていて、産業でも食料やエネルギーでも観光でも、あらゆる面で上手に自然を使っていかなければ私たちの暮らしは「持続可能」にはなりません。ジオパークで意識している「自然と人間のかかわり」を知ることはジオパークの中に住んだり訪れたりする人にとって、「持続可能」って何だろう？を考える大きなヒントになります。長い年月の地球活動によってつくられてきた風景や環境をジオパークで楽しみつつ、私たちの生活をより持続可能にしていくために地域の産業や暮らしも変わっていく、旅行者の意識も変わっていく、そのように変わっていく事もジオパークにとってとても重要な活動なのです。

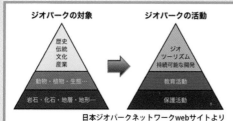

日本ジオパークネットワークwebサイトより

もっと知りたい !!

伊豆半島の自然と文化

2000万年以上の壮大な年月をかけて作られてきた伊豆の大地。そこに広がる動植物や生態系の中に、人の営みが生まれ、産業や文化も育まれてきました。目の前の景色を楽しみながら学ぶことは、私たちが自分の立っている場所のルーツを知ることでもあります。そして、その美しさを次世代に伝え残していくことが今、私たち人間に求められています。この章では、伊豆半島の成り立ち、そして火山が生んださまざまなサイトの中から生まれてきた自然や歴史をご紹介しましょう。

※〝ジオパーク〟とは、ユネスコ（国際連合教育科学文化機関）が推進しているプログラムの一つで、「地球・大地（ジオ）」と「公園（パーク）」を組み合わせた言葉です。日本には、2020年4月の時点で43カ所のジオパークがあり、そのうちの9エリアがユネスコ世界ジオパークにも認定されています。伊豆半島は、2018年4月、日本で9番目の世界ジオパークになっています。

伊豆半島の成り立ち

文・遠藤大介（伊豆半島ジオパーク専任研究員）

①伊豆の大地のはじまり

地図で伊豆半島の周りの地形を眺めると、伊豆半島を挟んだ東西に溝状の深い海が入り込んでいることに気づきます。東側の溝は相模トラフ、西側は駿河トラフと呼ばれ、伊豆半島をのせる「フィリピン海プレート」が本州側の2つのプレートに沈み込むことで深い海をつくり出しています。

地球の表面はプレートと呼ばれる10数枚の岩盤に覆われ、陸地や海はそれぞれプレートに乗って少しずつ動いています。プレートは地球内部の対流にともなって様々な向きに動き、ある場所では互いに離れ合い、またある場所ではぶつかり合うなどして海溝や山脈といった地球規模の起伏を作っています。伊豆半島をのせるフィリピン海プレートも年間数センチメートルの速度で北西へ移動し、今も本州を南から押し続けているのです。

伊豆半島の大地の歴史を紐解くと、地層や岩石の証拠によって約２０００万年前までさかのぼることが

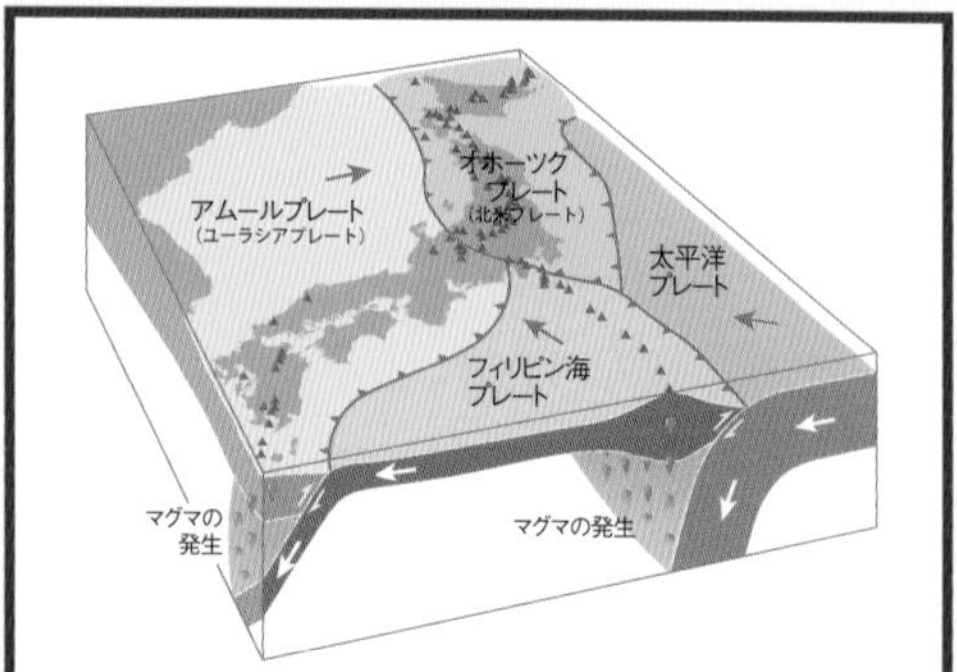

[図1]日本列島付近には4枚のプレート(岩板)が複雑に折り重なっている。伊豆半島はフィリピン海プレートの北端に位置している

できます。当時の伊豆は本州のはるか南、現在の硫黄島付近の緯度に当たる海にあった海底火山の集まりでした。

②海底火山の時代

伊豆が本州に衝突する前の海底火山時代にたまった地層は、おもに狩野川流域や半島の中南部にかけての地域で見ることができます。こうした海底火山に由来する地層は美しい縞模様として現れ、下田から南伊豆を経て松崎、西伊豆に至る海岸線などは伊豆を代表する景観となっています。

西伊豆町の一色には、伊豆半島で最も古い約2000万年前の地層が露出しています。この場所では海底を溶岩が流れた痕跡である枕状溶岩と呼ばれる岩石が見られ、また周囲の地層からは熱帯の海に生息していた生物の化石が見つかっています。かつてこの辺りが南洋の海底火山であったことを物語っています。

長い期間にわたり海底で火山活動が続いた結果、一部が海面から顔を出して火山島となるものが現れました。こうした火山島や海底火山の周囲には、火山灰や軽石といった噴出物が厚くたまり、浅瀬がつくられました。この時代の地層からは暖かい海にすむ貝の仲間やサンゴの化石が見つかっており、当時の伊豆が暖流の影響を受ける場所にあったことがわかります。

海底にたまった火山灰や軽石が降り積もった地層は次々と重なる地層の重みで固く締まり、凝灰岩と呼ばれる岩石へと姿を変えます。こうした凝灰岩は波などの浸食に弱く削られやすいため、切り立った崖や出入りの激しい海岸、奇岩や海食洞といった変化に富んだ地形がつくられました。下田市の柿崎弁天島や西伊豆町の堂ヶ島などは、当時の火山活動の激しさを伝えてくれる場所です。

③陸上大型火山の時代

火山島として次第に陸地を広げていた伊豆は約

100万年前に本州に衝突しました。本州との間にあった海は急速に埋め立てられ、やがて現在のような半島の形になりました。約60万年前のできごとです。

本州と陸続きの半島となってから数十万年間は、陸上のあちらこちらで大型の火山が噴火を繰り返しました。現在の伊豆の山地の骨格をなす天城山や達磨山といった火山はこの時代にできたものです。これらの火山は、噴火のたびに火口の位置を変えることなく、繰り返し同じ場所から溶岩や火山灰を噴出することで大きく成長し、富士山のような裾野の長いなだらかな斜面を持つ山体をつくりました。

大型火山は20万年前頃までには活動を終え、その後の浸食により深い谷ができ、山の上には豊かな生態系を育む広大な森林ができました。天城山の八丁池とその周辺や戸塚峠～万三郎岳～万二郎岳にかけての地域にはブナの原生林が残っており、人の手が入っていない原始の森の姿を今に伝える貴重な場所です。

火山の一生は数十万年から数百万年といわれ、活動を終えて数十万年が経過しても地下にはマグマの余熱が残っていることが普通です。こうした熱は地下水を温め、さらに地中の様々な成分を溶かし込んで温泉や有用な鉱物資源を含んだ鉱床を生み出します。伊豆半島のあちこちで湧く温泉や、金を含む鉱脈などはこうした陸上大型火山がもたらした恵みといえます。

④活動を続ける大地

約20万年前になると、それまでの火山活動とは異なり、噴火のたびに火口の場所を変える小さな火山の集まりである独立単成火山群が活動を始めました。「伊豆東部火山群」と呼ばれるこの火山群は、ひとつひとつの火口は噴火を終えていますが、今後も火口が分布する範囲のどこかで噴火が起こるかもしれない活火山です。1989年の噴火によって誕生した伊東市沖の手石海丘は伊豆東部火山群で最も新しい火山です。

伊東市の大室山に代表されるスコリア丘はマグマのしぶきが火口の周りに堆積してできた地形で、お椀を伏せたような均整のとれた山体は遠くからでもよく目立ち、ランドマークにもなっています。伊豆東部火山群のつくる地形は新しく、流れ出した溶岩は山がちな地形をならし、伊豆高原などのなだらかな台地をつくっています。

伊豆の大地が今も動いていることを物語るものが火山の他にもあります。１９３０年に伊豆北部で起きた北伊豆地震や１９７４年に石廊崎周辺で起きた伊豆半島沖地震などは、この地域がダイナミックに変動を続けていることの現れです。

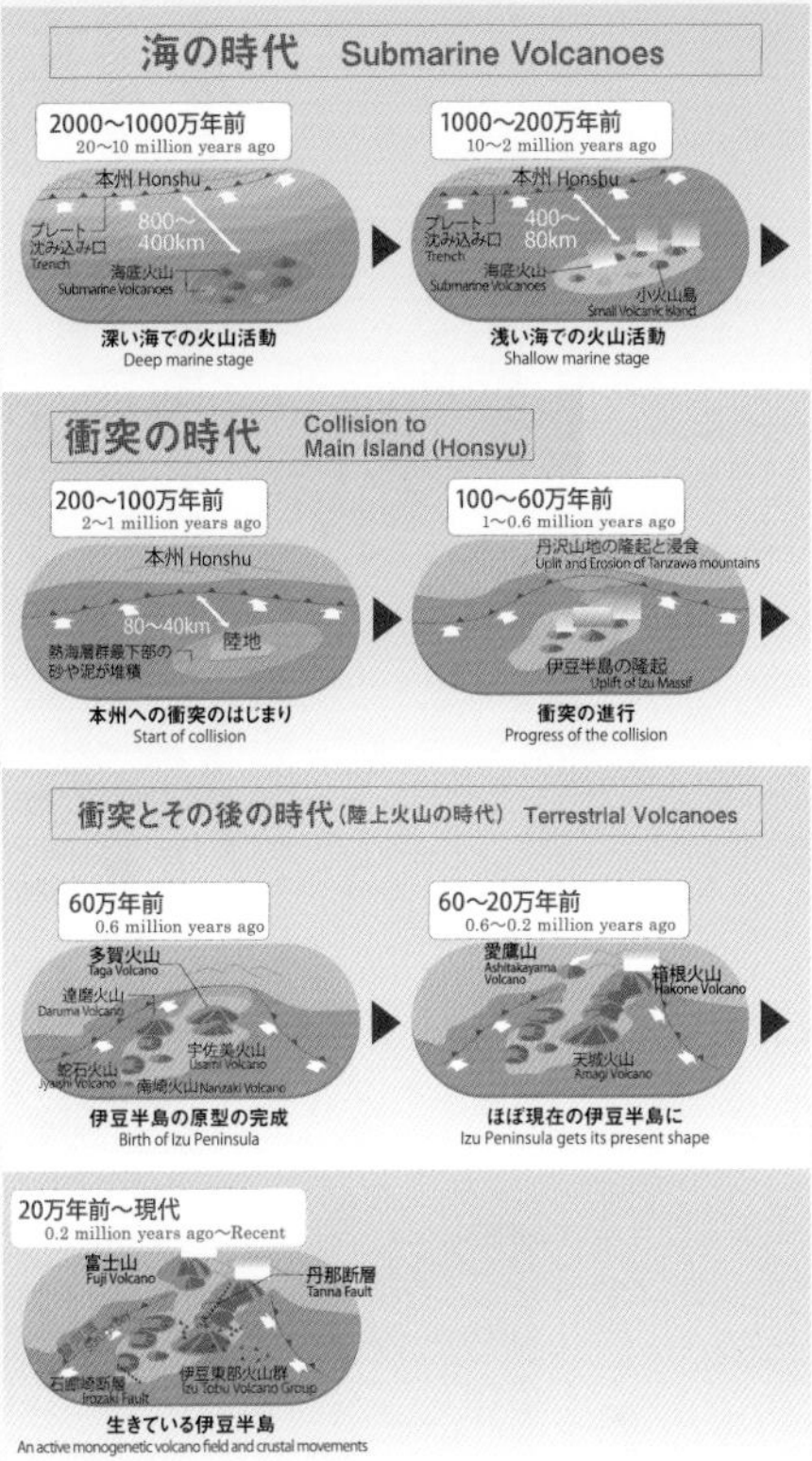

伊豆の歴史

文・橋本敬之（伊豆学研究会理事長）

今から約2万年以上前、人類の歴史でいうと旧石器時代、長野県の野尻湖などではナウマンゾウの骨が見つかっています。箱根西麓では火山灰土の中から、動物を追い、射止めるための落とし穴も多数発見されています。伊豆の南方にある神津島で産出する黒曜石も出土していることから、黒曜石で鑓《やり》を作り、狩りをする人たちが伊豆〜箱根に住んでいたと考えられています。

縄文時代が始まりますと、人びとは、海や川に近い場所に移動しながら住居を構えるようになります。伊豆半島には、現在では比較的高台に位置する河津町見高の段間遺跡、国の史跡となっている伊豆市上白岩遺跡などの遺跡が見つかっています。弥生時代になると農業が始まり、三島市などに田んぼの遺跡が発見された他、伊豆の国市には山木遺跡があり、こちらの出土遺物は国の重要文化財です。また、三島市向山古墳群には前方後円墳もあり、現在

国指定史跡「上白岩遺跡」
写真提供：伊豆市社会教育課

山木遺跡
写真提供：伊豆の国市

向山古墳群Ｃ地区
写真提供：三島市文化財課

は史跡公園として整備されています。

奈良時代になると文字が使われるようになり、伊豆からも奈良の平城京に税の一種である調《ちょう》が送られるようになりました。そのほとんどは荒鰹《あらがつお》で、田方郡棄妾《きしょう》（沼津市西浦木負に比定）や那賀郡仁科などから運ばれていたようです。調を送る際の付け札、平城京木簡にこれらの地域の名が残っています。奈良時代になると天皇を中心とした律令制による政治が行われるようになりました。主要街道の整備が行われるとともに、国府や東大寺を中心に、全国に国分寺・国分尼寺が置かれるようになります。伊豆国《いずのくに》では、三島市内に造られています。

さて、奈良時代から鎌倉時代あたりまで、政治犯が伊豆に流されることはよくありました。朱鳥元年（686）、大津皇子が起こした謀反事件に連座した罪で礪杵道作《ときのみつくり》は下田市箕作《みつくり》へ、応天門の変で藤原氏に敗れた伴善雄は伊豆市吉奈《よしな》温泉へ、平氏に破れた源頼朝は14歳で伊豆の国市韮山蛭ヶ島《ひるがしま》に配流されたといわれています。空海が伊豆に巡錫《じゅんしゃく》し、修善寺温泉を発見したといわれるのはこの頃で、熱海温泉や伊豆山温泉（走り湯）もすでに湯治場として知られていました。陸上交通より海路の方が利用され、海に開けた南伊豆地域には平安仏がたくさん残されています。

伊豆で成長した源頼朝は、平氏の伊東祐親や北条氏の監視を受けていました。しかし、北条政子と結婚し、三島神社（三嶋大社）の祭礼があった治承4年（1180）8月17日、北条氏邸近くの守山八幡宮で旗揚げして、平氏の目代である山木兼隆邸を襲います。勢いを得た頼朝は平氏追討に向かいますが、石橋山の合戦で敗れ、安房（千葉県）に逃れました。そして関東にいた源氏を従えて鎌倉に入り、鎌倉幕府を興したのです。頼朝は源氏の勢力を固めるため、弟の義経を倒し、伊豆の国市寺家に願成就院を建設、仏師運慶を頼んで国宝になっている仏像を作らせました。

頼朝の死後、2代将軍頼家を修善寺に幽閉して死亡させ、3代将軍実朝も暗殺した北条氏は承久の乱を経て執権の地位を固め、執権政治を行いました。伊豆は北条氏の得宗領となったのです。朝廷は承久の乱で敗れはしましたが、次第に鎌倉幕府に対抗する勢力を固め、建武元年（1333）後醍醐天皇を中心に倒幕を行います。南北朝の時代が始まると伊豆は足利尊氏の北朝方に属し、室町幕府が治めた後は関東管領である上杉氏の支配を受けることになりました。室町幕府の8代将軍義政は弟（一説に兄とも）の政知を鎌倉へ送り込もうとしますが、関東管領の上杉氏の争いで鎌倉に入れず、韮山の堀越に御所を作って、そこで過ごすことになり、幕府は伊豆を政知の直轄地として認めました。

京都で応仁の乱が始まり、戦国時代が到来、政知の死去により、相続を巡って子どもたちが争い、そこに今川氏を後見とした北条早雲が機に乗じて足利茶々丸を襲います。茶々丸は逃走しますが、早雲は伊豆を治め、生産力の高い田方平野の中心地である韮山に城を築きました。早雲が韮山城で生涯を終えた後、早雲の嫡男・氏綱は拠点を小田原に移し、関東全域に勢力を固めていきました。伊豆は後北条氏の領国となり、関東の西の抑えという位置づけになりました。

戦国時代になると、尾張の織田信長、その後を継いだ豊臣秀吉が徳川家康も取り込んで全国制覇を開始。最後まで抵抗したのが小田原城にいた北条氏政で、伊豆の諸城はその最前線に立たされました。山中城・下田城の陥落、北条氏規が守る韮山城は最後まで抵抗しましたが、秀吉の焼き討ちに遭い、天正18年（1590）6月に開城しました。伊豆は秀吉の家臣徳川家康の領国となり、小田原城の陥落によって秀吉の全国統一も完了しました。

江戸城と関東、伊豆を治めていた徳川家康は関ヶ原の合戦で豊臣方に勝利、征夷大将軍となって江戸幕府による政治を始めます。家康は財源の一つとして、大久保長安を金山奉行に任命して、土肥《とい》・湯ヶ島・瓜生野《うりゅうの》・縄地《なわじ》の開発を行い、縄地の金を江戸へ運ぶため、天城越えのルートを拓きました。

宝暦9年（1759）には三島役所を廃止、伊豆の直轄領支配を韮山代官江川氏だけにしました。三島陣屋は現在の三島市役所の場所、韮山役所は重要文化財江川邸のある場所でした。代官は徳川氏に代わって年貢の徴収をはじめ、治安維持や山野河川の管理を行っていました。この頃の伊豆は江戸の地廻り経済圏の役割を果たし、江戸城西丸の御用炭である天城炭の供給やシイタケ、ワサビなど多岐に渡る産物を供給していました。また、江戸・京大阪間を結ぶ航路の間にあり、複雑な浦々には、風待ち港として存在していました。ちなみに、全国にある「日和山」の1割が伊豆にあったといわれています。

江戸時代末期、嘉永6年（1853）に、ペリー総督がアメリカ艦隊を率いて来航します。開国を迫られた幕府は、江川英龍に品川台場の建設、鉄製大砲を造るため、韮山反射炉の築造を命じました。同じ時期、日露和親条約締結のため下田に停泊中だったプチャーチン率いるロシア船が、安政の東海大地震による津波で難破する事件が起こります。沼津市戸田で急遽代替船を造ってロシア人を帰すこととなり、ヘダ号が建造されました。

日米和親条約締結により、下田・箱館・長崎の3港が開かれると、新しい時代が始まりました。下田に着任したアメリカ総領事のハリスが交渉役となった日米修好通商条約によって、下田港は閉鎖になりましたが明治維新を迎えて韮山県が成立、その後、足柄県となり、明治9年に静岡県に併合されました。韮山代官の持っていた資金を資本に伊豆生産会社が興り、伊豆銀行、製糸業、製材業などの近代産業が動き出しました。海上交通の比重が下がり、南伊豆方面の人たちの悲願であった天城トンネルの開通、新たな温泉の開発もあり、伊豆は観光地として売り出されるようになっていくのです。

伊豆の山城

文・鈴木淳博　監修／写真提供・望月保宏（静岡古城研究会会長）

1西ノ丸に施された障子堀　2岱崎出丸に築かれた障子堀

山中城（三島市山中新田）

箱根外輪山の中腹に築かれた後北条氏の山城。東海道を見下ろすようにそびえ、南ははるか駿河湾まで望める。最大の見どころは、ワッフルのように仕切られた北条流の障子堀。土塁や空堀、馬出なども巧みに施されていて、「土の城の最終形態」との呼び声も高い。

興国寺城

（沼津市根古屋字赤池）

東駿河の要衝に築かれた平山城。曲輪を守る巨大な土塁は見る者を圧倒する。天守台と伝わる高所からは市街地や駿河湾が望め、その背後にはダイナミックな空堀が走る。「北条早雲旗揚げの城」ともいわれるが、遺構の多くは戦国時代末期〜江戸時代初期に築かれたとされる。

本丸を守る巨大な土塁

長浜城

(沼津市内浦重須字城山)

内浦湾に築かれた海城で、北条水軍の拠点。小規模ながら巧みな縄張で、櫓や柱跡などが復元されている。北側には船着き場があり、有事の際は軍船で出撃できるようになっていた。城からの眺望は美しく、かつて武田軍の拠点があった沼津市街まで見通すことができる。

城内からは駿河湾が望める

本城南側にある塩蔵跡

韮山城 (伊豆の国市韮山)

田方平野の東縁に築かれた山城で、戦国大名の先駆けといわれる伊勢宗瑞(北条早雲)の居城。本丸からは富士山や田園風景を一望できる。城の南側に残る連続堀切は必見。本城は標高 50m ほどの平山城だが、南東そびえる天ヶ岳や、その背後に広がる山々にも砦の跡が残る。

狩野城 (伊豆市本柿木・青羽根)

狩野川と柿木川の合流地に築かれた山城。下田街道を見下ろす要衝にあり、二重堀切や土塁など、巧みな築城術の名残を見ることができる。伊勢宗瑞(北条早雲)が伊豆に侵攻した際には、城主の狩野道一が激しく抵抗。この城を拠点に戦いが繰り広げられたと考えられている。

柿木川北岸から城跡を望む

城の東側にある長大な堀切

鎌田城 (伊東市鎌田)

伊東大川の左岸にそびえ、伊豆半島東部では最大規模の山城。本丸を中心に放射状に広がる曲輪群のほか、長大な大堀切、技巧的に組み合わさった堀切と竪堀、馬出を連続させた「重ね馬出」など見るべき遺構は多い。

主郭の愛宕神社南側に残る土塁

柏久保城 (伊豆市柏久保字城山)

狩野川支流の古川と大見川の合流地点、標高180mの愛宕山山上に築かれた山城。伊勢宗瑞（北条早雲）が狩野氏と戦った際に拠点となったとされ、敵対する狩野城に向けて土塁が築かれている。二の曲輪北側には「新九郎谷」と呼ばれる急峻な谷地形も残っている。

下田城

(下田市3丁目)

伊豆半島の南東部、下田湾から突き出た半島に築かれた海城。風待ち港だった下田港を見下ろす好位置にあり、南伊豆一帯の制海権を握るための拠点となった。美しい景観と長大な北条流の障子堀が見どころ。尾根伝いの曲輪には、敵の侵入を阻む堀切が随所に施されている。

城内は下田公園として整備されている

白水城 (賀茂郡南伊豆町石廊崎字鍋浦山)

伊豆半島の最南端、石廊崎の北側にある鍋浦山山上に築かれた山城。巨大な土塁や堀切など、南伊豆では随一の見応えある遺構を有している。石組みの井戸も現存し、そこから白水（清らかな真水）が湧き出ていたことが城名の由来となっている。

土塁の上から見た城内の光景

伊豆半島の植物

PLANTS of IZU Peninsula

文・杉野孝雄（NPO法人静岡県自然史博物館ネットワーク理事）
文・早川宗志（ふじのくに地球環境史ミュージアム准教授）

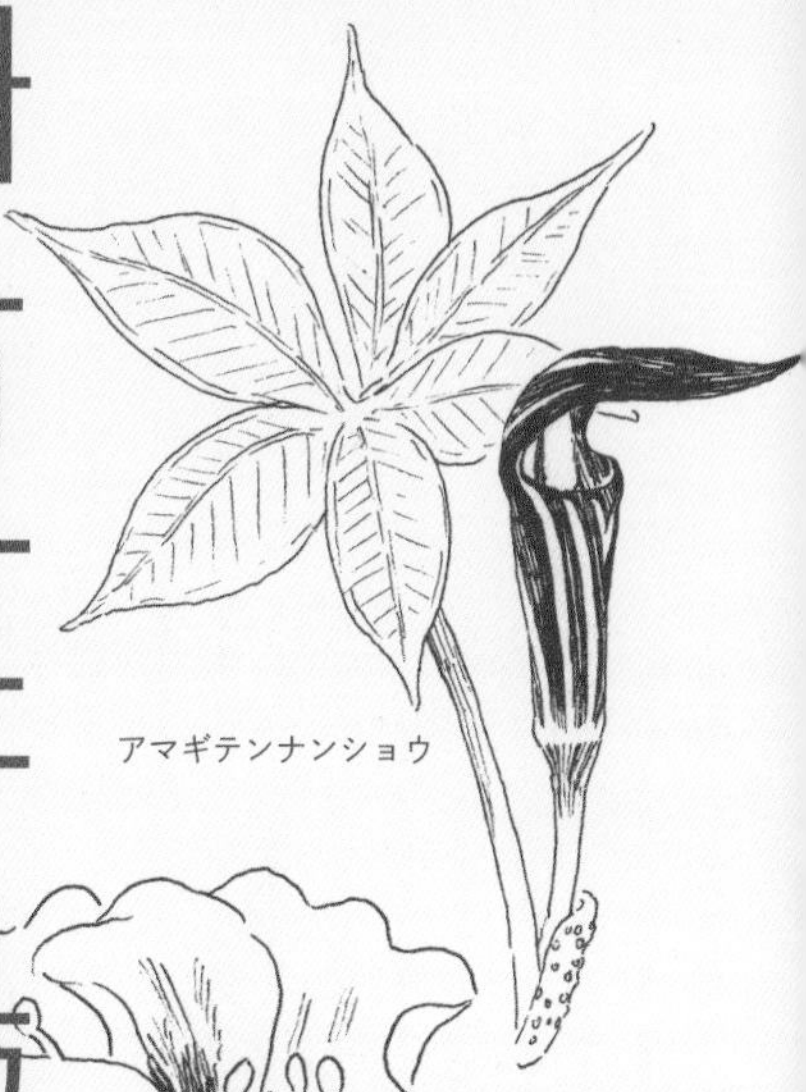

アマギテンナンショウ

アマギツツジ

ソナレセンブリ

ハチジョウキブシ

伊豆半島は、海岸、山間地、市街地に多様な植生が見られ、その種類は２０００に及びます。地域ごとに特有の植物もあり、国有林や国立公園として保護されている地区もあり、豊かな自然が残っています。

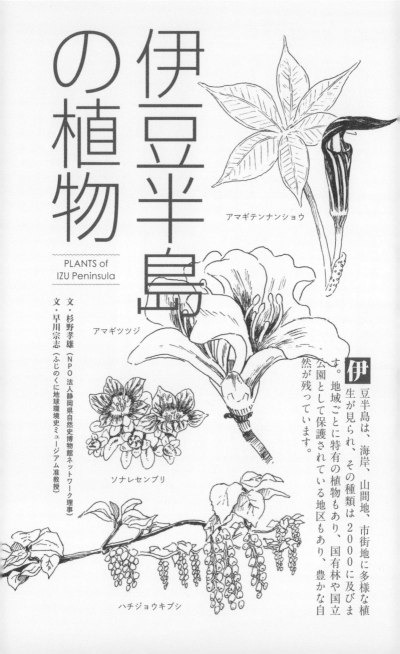

伊豆半島には種子植物とシダ植物を合わせると2000種類ほどの植物があります。日本の野生植物は8000種類くらいといわれているため、伊豆半島だけで日本の野生植物の4分の1の種類を見ることができるほど、植物の種類が豊富です。

海岸、市街地、山地などの場所や地域ごとに生育する植物の種類が異なっており、伊豆半島に特有な植物もあります。これは気候や地形、地質、地史、人との関わりなどの要因によって、伊豆半島には多様で個性豊かな植物たちが育まれてきたからです。

伊豆半島の海岸には、クロマツ、イブキ、ウバメガシ、ヤブツバキの林が各地に広がっています。砂礫《されき》海岸では、ハマヒルガオ、ハマエンドウ、コウボウムギなど地下茎が這う種類、岸壁や岩上には、イソギク、アゼトウナ、スカシユリ、林縁には、ガクアジサイ、ハコネウツギ、トベラなど花木の群落があります。市街地には帰化植物が広がっていますが、山地に足を踏み入れると海岸や市街地とは異なる植物を見ることができます。伊豆半島の最高峰は天城連山に位置する万三郎岳（海抜1406m）であるため、森林限界より高い高山帯に生える高山植物は分布していません。しかし、標高800m付近を境にして、下部にはシイ・カシ林に代表される照葉樹林が、上部には夏緑樹林が広がっています。

ハマヒルガオ

低地に見られるシイ・カシ林では、シイ類はスダジイが多く、カシ類はウラジロガシが多くみられ、アラカシが谷間や神社の森に広く分布しています。標高が高くなるにつれて、アカガシやツクバネガシ林に移行します。林内に多いのはイズセンリョウ、コアジサイなどで、伊豆半島も含まれているフォッサマグナ地域に特有なマメザクラ、タテヤマギク、オトメアオイなども見られます。

天城連山は尾根沿いにブナやイヌツゲ、アセビの林があります。伊豆半島のブナは日本海側のブナに比べると葉が小さいことが特徴です。トウゴクミツバツツジ、アマギツツジ、アマギシャクナゲも群生しています。林内には天城山の名の由来になったといわれる、甘茶《あまちゃ》の原料になったアマギアマチャがあります。

また、伊豆半島は日本屈指のシダ植物の産地でもあり、400種類ほどが分布しています。雨量が多く火山活動でできた谷間は湿度が高く、シダの生存に適しているからです。浄蓮の滝で発見されたハイコモチシダ（ジョウレンシダ）やナチシダなど、天然記念物に指定されている群落もあります。

池や湿地は一碧湖、八丁池、シラヌタ池、細野湿原などがあり、モウセンゴケなどの食虫植物やミズチドリなどのラン科植物、ジュンサイ、アヤメ、チョウジソウ、スゲ類などの水生・湿生植物が分布しています。

伊豆半島には伊豆半島にのみ生育する固有な植物も多数あります。これらの固有種は伊豆半島の形成に関わる地史的な要因や活発な火山活動、強い潮風の影響を受けることなどの伊豆半島に特有な環境条件に適応して進化してきました。その結果、伊豆半島に個性豊かな固有植物が生じてきたのでしょう。伊豆半島に固有な植物や伊豆半島を特徴づける植物には、山地のアマギツツジ、アマギシャクナゲ、イズカニコウモリ、アマギテンナンショウ、海岸のイズアサツキ、ハチジョウキブシ、ソナレセンブリなどがあります。これらの植物の中には伊豆半島各地の地名が名付けられている種類もあります。さらに、伊豆半島が分布の北限や東限になる植物も多くあります。シダ植物ではハイコモチシダ、リュウビンタイ、シロヤマゼンマイ、種子植物ではコガクウツギ、ウンゼンツツジなどです。

ハイコモチシダ

イズカニコウモリ

農産物では、伊豆半島が栽培面積第一位である良質なワサビが有名です。

天城山系の豊富な湧水をかけ流しにして栽培されるワサビは、FAO（国際連合食糧農業機関）によって「静岡水わさびの伝統栽培」として世界農業遺産に認定されています。農薬と肥料をほぼ使用しないため環境に優しい水わさび栽培は、わさび田が巻貝やハコネサンショウウオなどの水生動物の住処となることで水辺を生活の場とする生物の多様性をも生み出しています。

ワサビ

植林では、江川太郎左衛門が伊豆の代官であった頃、ケヤキ、ヒノキ、スギ、マツ、カヤ、モミ、ツガ、クス、カシの9種類を禁伐として保護し、その他の雑木は自由に伐採をさせ、跡地にスギを植えさせました。その時の御礼杉が「天城の太郎スギ」に代表されるような大木になり、今でも残っています。

明治以降は御料林や国有林、国立公園として保護されてきたため、豊かな自然が残っています。その一方、近年では増えすぎた野生のシカが天城山系の植物を食べてしまう被害が拡大しており、伊豆半島の貴重な植物を保全する上で大きな問題となっています。

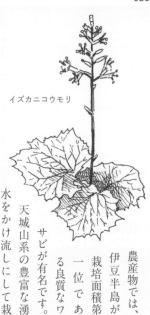

チョウジソウ
(キョウチクトウ科)

湿った草地に生える多年草。草丈40～80㎝。葉は披針形。5月に青藍色の花を開く。伊東市は静岡県内唯一の産地。栽培されることもある。

ジュンサイ
(ジュンサイ科)

古い池に生える多年草。葉は楕円形で裏面は紫色、水面に浮かぶ。6～8月に紫褐色の花を水面で開く。東伊豆町の湿地にある。若芽は食用。

イズアサツキ
(ヒガンバナ科)

海岸の岩地に生える多年草。花茎は20～30㎝。花は球形に集まり、4～6月に白紅紫色の花を開く。下田市に分布する伊豆の固有種。

コガクウツギ
(アジサイ科)

山地に生える落葉低木。葉は長楕円形、枝は紫色で光沢がある。5～7月に白色の正常花と飾花をつける。伊豆の山地に分布。伊豆は分布の東・北限。

アマギアマチャ
(アジサイ科)

山地に生える落葉低木。葉は長楕円形。甘味が強く、甘茶の原料になる。6～7月に白色の普通花と飾花をつける。伊豆の山地に分布。伊豆特産。

ミズチドリ
(ラン科)

山地の湿地の生える多年草。草丈50～90㎝。6～7月に多数の白色の花を開く。花には芳香がある。東伊豆町の湿地にある。

アマギツツジ
(ツツジ科)

山地に生える落葉低木。高さ3～6m。葉は広いひし形で長毛を散生、枝先に3枚を輪生する。6～7月に朱色の花を開く。天城山と日金山に分布。

トウゴクミツバツツジ
(ツツジ科)

山地に生える落葉低木。高さ2～3m。葉は広いひし形、裏面の主脈に綿毛を密生。4～5月に紅紫色の花を開く。温帯産地の尾根に広く分布。

マメザクラ
(バラ科)

山地に生える落葉小高木。高さ3～8m。4～5月に白色～淡紅色の花を開く。箱根・富士山周辺から伊豆の山地に広く分布する。

タテヤマギク
（キク科）

山地に生える多年草。草丈30～60cm。葉は広卵心形で大形の鋸歯がある。8～10月に舌状花が白色の花を開く。伊豆、富士、箱根に分布する。

アマギシャクナゲ
（ツツジ科）

山地に生える常緑低木。高さ2～4m。若枝に白色の綿毛がある。5～6月に紅紫色の花を開く。天城山周辺と長九郎山、猿山に分布する。

アマギテンナンショウ
（サトイモ科）

山地に生える多年草。草丈20cmほど。葉は通常1枚。5月に仏炎苞のある花をつける。東伊豆町で発見、命名される。伊豆の固有種。

ナチシダ
（イノモトソウ科）

常緑性のシダ植物。高さ1mほどになる。葉は基部で3裂、全体は五角形になる。千葉県以西の暖地にある。伊豆の山地に広く分布する。

ハイコモチシダ
（シシガシラ科）

常緑性のシダ植物。葉は大型で1.5m。葉面に1～3個の小苗をつける。日本では伊豆と九州南部に分布する。伊豆は分布の東・北源。

ウンゼンツツジ
（ツツジ科）

半常緑性の低木。高さ1m前後。葉や花は小さい。4～5月に淡紅紫色の花を開く。静岡県内では伊豆の山地に分布する。伊豆は分布の東・北限。

天城の太郎スギ
（静岡県指定天然記念物）

伊豆の湯ヶ島国有林内にある。樹高40m、目通り9.6m。樹齢は推定400年。伊豆では最大級のスギの大木。

シロヤマゼンマイ
（ゼンマイ科）

常緑性のシダ植物。葉は1～1.5m。葉の下部、数対の羽片に胞子嚢をつける。西伊豆町に分布する。伊豆以西の暖地に分布する。伊豆は分布の北限。

リュウビンタイ
（リュウビンタイ科）

常緑性のシダ植物。葉は大型で3mに達することもある。伊東市と西伊豆町に分布する。伊豆以西の暖地に分布する。伊豆は分布の北限。

伊豆半島の植物 COLUMN

ハチジョウキブシ
（キブシ科）

海岸近くに生える落葉低木。静岡県内の各地にあるキブシに比べ、枝は太く、葉や果実は大きい。3月に淡黄色の花を開く。伊豆海岸の各地にある。

ワサビ
（アブラナ科）

清涼な湧き水で育つ多年草。日本固有種。19世紀初頭から握り鮨に利用されている。（写真提供：静岡わさび農業遺産推進協議会）

ガクアジサイ
（アジサイ科）

海岸沿いに生える、落葉または半常緑低木。高さ2～3m。6～7月に淡青紫色の普通花と飾花をつける。伊豆海岸に広く分布する。

ハコネウツギ
（スイカズラ科）

海岸沿いの林縁や谷間に生える落葉低木。5～6月に、始め白色、後に赤みを帯びる花を開く。伊豆の沿海地に広く分布する。栽培もされる。

ソナレセンブリ
（リンドウ科）

海岸に生える1年草。葉はへら形で多肉質。10～11月に黄白色で紫脈のある花を開く。下田市に分布。伊豆と伊豆諸島の固有種。

ハマヒルガオ
（ヒルガオ科）

海岸の砂礫地に生える多年草。葉は腎心形で厚く、光沢がある。5～6月に淡紅色の花を開く。伊豆海岸の各地にある。

スカシユリ
（ユリ科）

海岸や岩場に生える多年草。草丈20～60㎝。6～8月に橙赤色で斑点のある花を上向きに開く。伊豆海岸の各地にある。栽培もされる。

アゼトウナ
（キク科）

海岸の岩場に生える多年草。ロゼット状に倒卵形の葉をつける。8～12月に黄色の頭花をつける。伊豆半島の各地の海岸にある。

イソギク
（キク科）

海岸の崖地に生える多年草。葉は倒披針形で、裏面は毛が密にあり白色。10～11月に黄色の頭花をつける。伊豆海岸の各地にある。

伊豆半島の動物相その特徴と面白さ

文・岸本年郎（ふじのくに地球環境史ミュージアム教授）

ハコネサンショウウオ

伊豆は暖かい地域です。観光地の街路樹にはいかにも熱帯イメージのカナリーヤシが植えられ、真夏の強い日差しのなか、黒色に白地の文様のある大型のチョウ・モンキアゲハが飛ぶ姿は、ここが温暖であることを教えてくれています。スダジイやタブノキを中心とした照葉樹林が低地の山肌に貼りついて深緑色の森を作っており、多くの南方系の動物を育んでいます。

一方、伊豆の中央部の1406ｍの万三郎岳を最高峰とする天城山系では、ブナやカエデ類を主体とした植生が広がり、冬には冠雪することもあります。ここは低地とは異なる冷温帯林で、日本固有種のヤマネ等、成熟した森林に暮らす生物が見られます。天城のトレッキングでは春の萌えるような若葉の季節から、涼しい夏、紅葉の秋、そして雪景色と、四季折々に違った表情を楽しめます。伊豆には温暖な低地だけでなく、こうした冷涼な山地もあることを忘れてはなりません。伊豆名産のワサビも、冷涼な気候と、清冽な渓流の存在がなくては育たたないものです。

動物の分布は、高山や奥山に分布する種が欠落するものの、特徴的で豊かな動物相を育んでいます。哺乳類では、イノシシやニホンザル等、在来の28種が生息しています。鳥類では、偶発的に記録される迷鳥を含め260種以上の記録があり、なかでも海鳥の確認種数が多く、カンムリウミスズメは下田市神子元島が貴重な繁殖地となっています。爬虫類は静岡県の在来種のうち、ヒガシニホントカゲを除くすべての種が分布し、外来種を含め16種が記録されています。アカウミガメの産卵場の存在は特筆すべきでしょう。両生類はハコネサンショウウオ、トノサマガエル等12種が生息し、特にアカハライモリ南伊豆集団は本州の他の集団から遺伝的に独立している貴重な個体群で、保全上の重要性が高いものです。淡水魚は60種以上の記録があるものの一生を淡水でくらす純淡水魚は少なく、海から河口の汽水域を通じて進入してくる周縁魚が多くを占めます。なかでも、ユゴイやヒナハゼ等南方系の種が見られるのが特徴です。昆虫は種数が多く、未だ調査は不十分ですが、低地には南方系の、山地には冷温帯の種が見られます。海岸付近に多いウバメガシを食樹とする蛾のクロシオキシタバは、その名の通り黒潮の影響を受ける暖かい海沿いに多く、伊豆が分布の東限であり、この地を代表する昆虫のひとつとなっています。

世界中で伊豆半島だけに生息する動物もいます。昆虫ではアマギクチキウマ等のバッタ目、地表や土壌に生息するゴミムシ類やハネカクシ類等の甲虫目の固有種が見られます。冬に出現し、メスの翅が退化して飛ぶことのできない冬尺蛾《ふゆしゃくが》の仲間、シュゼンジフユシャクも伊豆固有の昆虫です。また、ダンゴムシに似た水生の甲殻類にコツブムシという一群がいます。この仲間の多くは海生ですが、西伊豆の渓流には淡水生のイズコツブムシという固有種がいます。この仲間は日本海側では淡水生種が生息しているものの、太平洋側ではこれまでただ一か所から淡水

シュゼンジフユシャク　写真提供：© 中島秀雄

生種が見つかっているだけで、その由来は謎につつまれています。

伊豆は海もまた豊かです。ゴツゴツした磯浜では海藻がよく生育します。太陽の光をもとに光合成しエネルギーを生産する海藻は、植物プランクトンとともに海の生態系の基盤であり、「藻場」と呼ばれる、密に海藻が生えた場所では生物多様性が高いことが分かっています。伊豆の沿岸では400種を超える海藻が生育しており、面積あたりの種数は世界一ともいわれ、イセエビやアワビ、サザエなどの海の幸は、こうした磯浜の恵みです。海産物のなかには深海からの恵みもあります。刺身や煮つけが絶品のキンメダイや西伊豆戸田の名物・珍味タカアシガニは深海生物です。このカニは世界最大の節足動物で、日本と台湾周辺の深海にのみ生息しており、駿河湾はその重要な生息地になっています。駿河湾も相模湾も陸地からすぐの距離に深海が存在しますが、これは世界的に見ても稀なことです。伊豆の海の幸には、磯浜の藻場や深海の存在が無くてはならず、元をたどれば、地学的にも稀有な伊豆半島の成り立ちのおかげといえるでしょう。

伊豆半島は海からやってきて、本州にぶつかった陸塊ですが、生物からもそのことを見て取れる事例があります。伊豆のトカゲは、かつては日本本土に広く分布するニホントカゲと考えられていました。しかし、詳細に調べると伊豆諸島に分布するオカダトカゲと似通っており、DNA等の遺伝子分析からもオカダトカゲに違いないことが確認されました。これは伊豆半島が島であった頃からこの大地に生息していて、本州

キンメダイ

タカアシガニ

写真提供：© 高橋秀樹

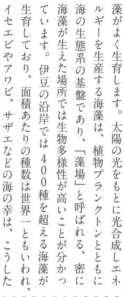

と伊豆がつながった後も、オカダトカゲとしての独自性を残したまま、暮らし続けているものと考えられるのです。

　分子系統学と呼ばれるDNA分析による生物の由来の研究は、近年急成長している分野で、次々に面白いことが明らかになっています。こうした観点からも、伊豆半島にはこれからも面白い話題や発見があるに違いありません。

オカダトカゲ　写真提供：© 渋川浩一

「踊り子」と名のつく昆虫

伊豆の象徴的なイメージのひとつに踊り子があります。いわずと知れた川端康成の代表作のひとつ「伊豆の踊子」がその由来です。この作品は後にノーベル賞作家となる川端が、19歳の時に伊豆に旅行した時の実体験が元になっている青春小説の傑作です。孤児である主人公の「私」（川端も幼少期に両親を亡くしています）が、伊豆を旅行中に出会った旅芸人一座の少女・薫の美貌や無垢な心に惹かれ、心が癒されていきますが、やがて別れがやってくるという話。淡い恋を描いた物語で、天城・湯ヶ島の清浄な自然がその舞台となった作品です。

　東京駅～伊豆急下田駅を結ぶ特急列車や河津町の温泉施設の名称等に〝踊り子〟が使用されていますが、〝踊り子〟の名がついた昆虫たちがいることはあまり知られていないでしょう。生物の名前には、日本国内で図鑑や科学論文でも使用される「和名」、世界共通の「学名」、そして通名や地方名として使用される「俗名」があります。一例を挙げると、和名がダンベイキサゴという巻貝は学名が *Umborium giganteum*、静岡では〝ながらみ〟という俗名で呼ばれています。これから紹介する3つの虫の踊り子はその和名や学名にその名が付いたものたちです。

オサムシという地表を徘徊する甲虫の一群がいます。漫画家の手塚治虫がこの虫を愛し、自身の本名の〝治〟に〝虫〟をつけたものをペンネームにしたことでも知られる昆虫です。この仲間は日本に39種が知られ、中でも日本固有のオオオサムシ亜属は後翅が退化し、比較的狭い地域にしか分布していない種がほとんどです。そのなかのルイスオサムシという種は、伊豆半島から富士・箱根・丹沢・奥多摩と房総半島南部に分布しています。このうち分布域の離れた房総半島南部の個体群は、従来から別亜種として区別されていましたが、伊豆半島の個体群についてもオス交尾器の形態が異なることが明らかにされ、2017年にオサムシ研究者の井村有希氏（横浜在住）と松村正光氏（静岡在住）により新亜種として記載・命名されました。その学名は *Carabus lewisianus odorico* で、発表された論文のタイトルは〝伊豆のODORICO〟というものでした。

ルイスオサムシ伊豆半島亜種

2つめはバッタ目（直翅目）の昆虫でアマギササキリモドキです。キリギリス等に近縁なササキリモドキ科に属する体長1cm程の昆虫で、照葉樹林帯の林床の下草上にみられます。日本からは45種のササキリモドキ科が知られていますが、その中でも唯一、腹部に大きなこぶを持つこと、前脚の棘がないこと等、他の種にない特異な形態を持ち、この1種のみでセコブササキリモドキ属を形成する近縁種不明の謎の多い存在です。本種は直翅類研究者の石川均氏（静岡在住）によって、１９９９年に新属新種 *Gibbomeconema odorico* として記載・命名されています。

３つ目はカメムシです。その名もオドリコナガカメムシ *Scolopostethus odoriko*、と和名にも学名にも踊り子がついています。嫌なにおいを出すことや農業害虫として嫌われることが多いカメムシですが、日本だけでも１３５０種を超えるカメムシが知られており、そのほとんどは無害なのです。オドリコナガカメムシも森林林床のコケのなかでひっそりと暮らす、まったく無害な昆虫です。本種は１９９５年、当時国立科学博物館に勤務されていた友国雅章博士により命名記載され、ながらく天城山周辺でしか生息が確認されていませんでしたが、ごく最近になって、静岡市葵区有東木や井川で発見され、伊豆の固有種ではないことが明らかになりました。伊豆の象徴的な存在として語られることが多い「伊豆の踊子」の薫は、実は甲府出身・伊豆大島在住であり、伊豆ではあくまで旅芸人でした。このオドリコナガカメムシは今後、甲府周辺や大島で発見される可能性もあり、そうすれば踊り子の名に一番ふさわしい虫といえるようになるかもしれません。

アマギササキリモドキ　写真提供：© 石川均

オドリコナガカメムシ
写真提供：© 静岡新聞社

伊豆の難読地名

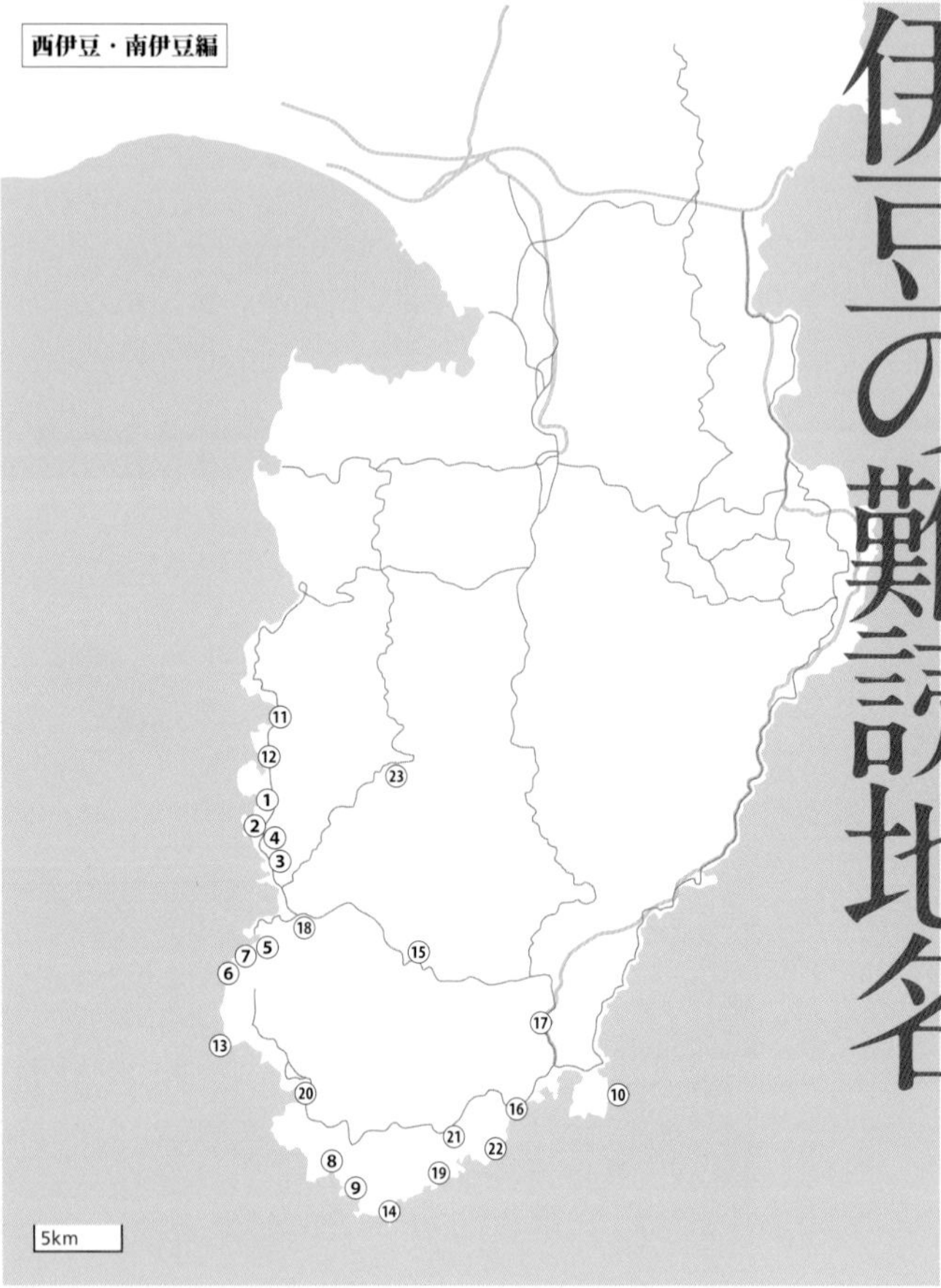

まずはウォーミングアップ

①田子　②浮島　③仁科　④堂ヶ島　⑤岩地　⑥雲見　⑦石部　⑧入間　⑨中木　⑩爪木崎

中級は３文字地名から

⑪宇久須　⑫安良里　⑬波勝崎　⑭石廊崎　⑮婆娑羅　⑯吉佐美　⑰稲生沢

上級はこちら

⑱伏倉　⑲下流　⑳妻良　㉑日野　㉒田牛

最上級は…

㉓大沢里

---

①たご　②ふとう　③にしな　④どうがしま　⑤いわち　⑥くもみ　⑦いしぶ　⑧いるま　⑨なかぎ　⑩つめきざき
⑪うぐす　⑫あらり　⑬はがちざき　⑭いろうざき　⑮ばさら　⑯きさみ　⑰いのうざわ　⑱しくら　⑲したる
⑳めら　㉑ひんの　㉒とうじ　㉓おおそうり

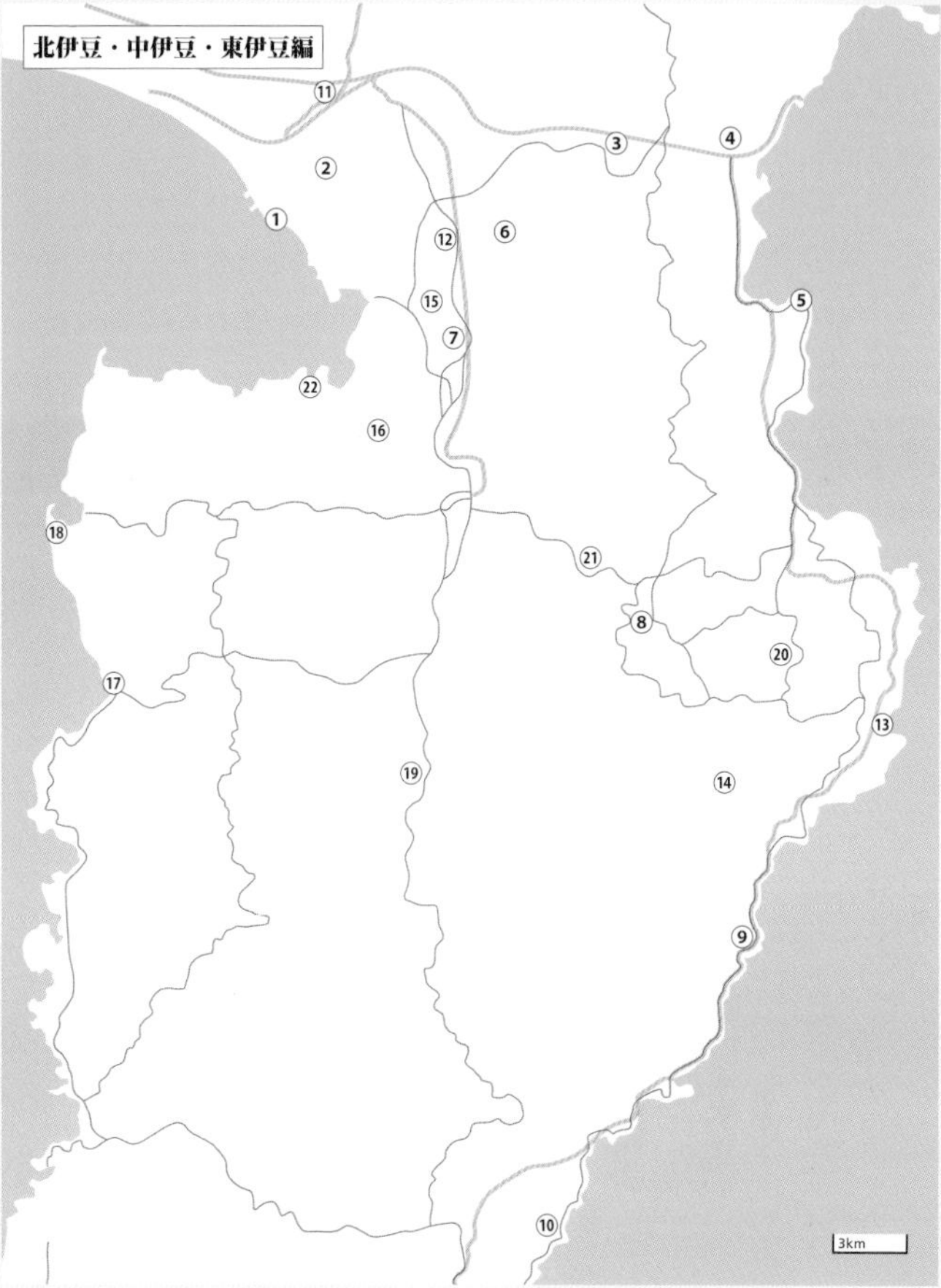

まずはウォーミングアップ

①我入道　②香貫　③丹那　④来宮　⑤網代　⑥奈古谷　⑦古奈　⑧冷川　⑨北川　⑩縄地

中級はこちら

⑪下土狩　⑫原木　⑬富戸　⑭対島　⑮堋之上　⑯雄飛滝

上級はこちら

⑰土肥　⑱戸田　⑲岩尾　⑳十足　㉑八幡

最上級は…

㉒西浦木負

①がにゅうどう　②かぬき　③たんな　④きのみや　⑤あじろ　⑥なごや　⑦こな　⑧ひえかわ　⑨ほっかわ
⑩なわじ　⑪しもとがり　⑫ばらき　⑬ふと　⑭たじま　⑮ままのうえ　⑯ゆうひだき　⑰とい　⑱へだ　⑲いわび
⑳とうたり　㉑はつま　㉒にしうらきしょう

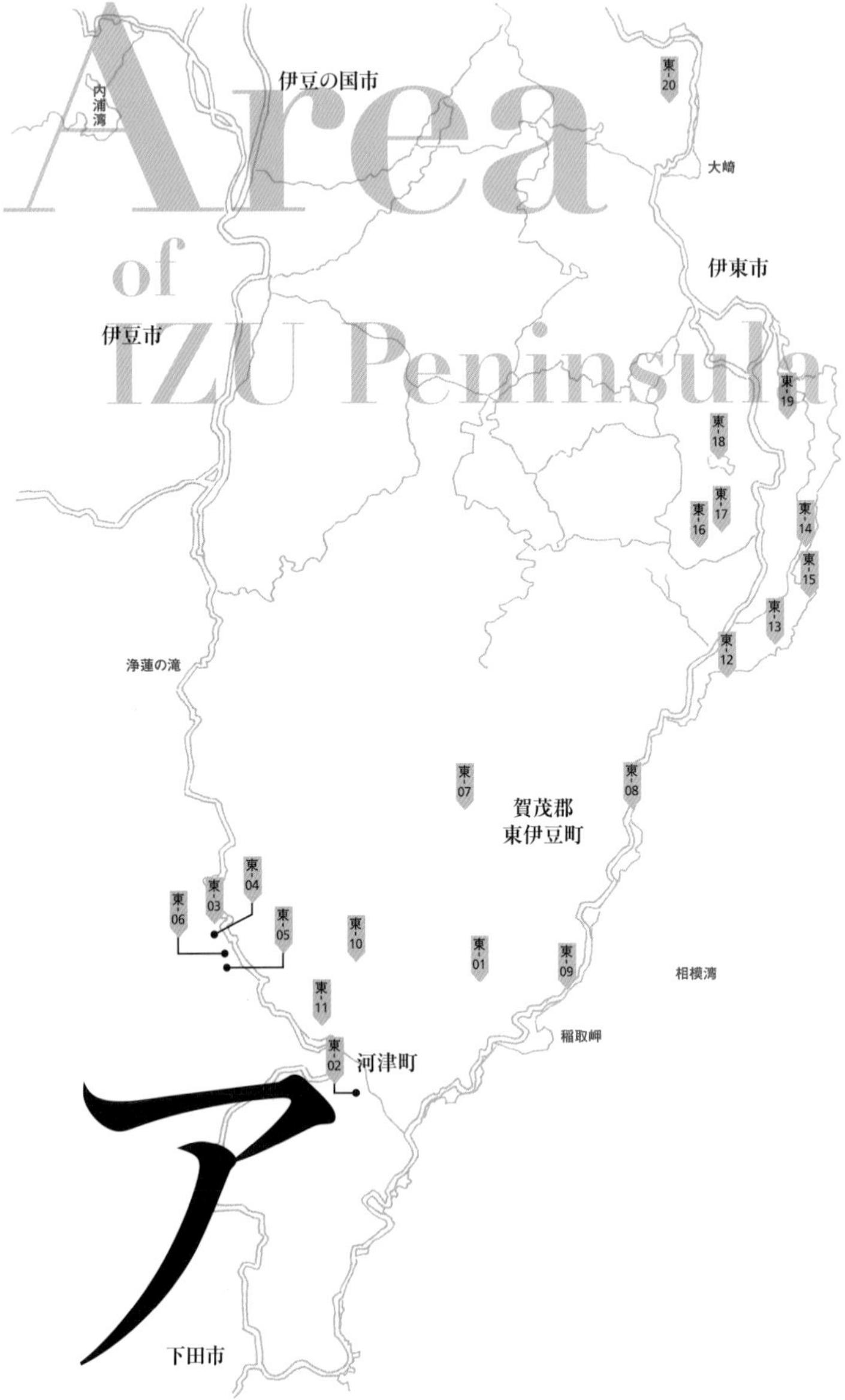
Area
of
IZU Peninsula
ア
伊豆の国市
内浦湾
大崎
伊東市
伊豆市
浄蓮の滝
賀茂郡
東伊豆町
相模湾
稲取岬
河津町
下田市
東-01
東-02
東-03
東-04
東-05
東-06
東-07
東-08
東-09
東-10
東-11
東-12
東-13
東-14
東-15
東-16
東-17
東-18
東-19
東-20

Eastern

東伊豆エリア

明るく開放的な雰囲気の東伊豆エリア。
単成火山群が作った新しい大地は、
生命の息吹を感じる
フレッシュで生き生きとした
躍動感に満ちています。
景勝地や海岸線に沿った
温泉街がいくつもあり、
ジオサイトを生かした観光施設が
自然に成り立っている贅沢なエリアです。

東-01

【細野高原】

／ほそのこうげん

基本情報

アクセス／(公)伊豆急行伊豆稲取駅下車、イベント期間中の土休日のみ、伊豆稲取駅前から稲取細野高原行きの路線バス（有料）で30分または伊豆稲取駅前よりタクシー利用　(車)国道135号線稲取温泉入口看板より車で15分　(駐)普通車100台可

細野高原は約80万年前～20万年前に噴火を繰り返していた天城山の一部です。浸食し残された高原は、水はけの悪い泥流堆積物に覆われ、高原湿地を作り出しました。毎年山焼きが行われており、長年にわたってススキの草原が維持されています。また、高原の湿地には多くの湿原植物や水生昆虫・トンボなどが見られます。湧水も多く、古くから山麓の飲料水として使われてきました。湿原には貴重な植物が生息していますので、遊歩道から外れないようにしましょう。

東-02

【峰温泉大噴湯公園】

／みねおんせんだいふんとうこうえん

基本情報

♥公園内に足湯あり。熱い温泉でゆで卵を作って味わうことができます。卵は公園の売店で販売しています **アクセス**／(公)伊豆急河津駅よりバスで5分、峰温泉下車 (車)天城方面から東名沼津ICより90分／熱海方面から国道135号線経由90分 (駐)駐車場無料（乗用車10台、障がい者専用3台）

たくさんの温泉がある伊豆の中でも珍しい噴泉です。1926年に掘削《くっさく》された温泉で、摂氏100度の温泉が、1日7回、地上30メートルの高さまで噴き上がります。（本当はいつでも噴き上がるのですが、管理上、普段は止めていて、1時間ごとに噴き上げます）。温泉はとても熱いのですが、噴き上がった温泉が降ってくる頃には冷えていますので、噴湯の様子を近くで眺めても大丈夫です（濡れますが）。迫力の噴湯をぜひ体験してみてください。

9：30〜15：30まで1時間ごとに1分間の噴湯が公開されています。（金曜・火曜は源泉維持管理作業のため休み）。

東-03

【河津七滝　釜滝】

／かわづななだる　かまだる

基本情報

⚠遊歩道の一部は滝の飛沫で滑りやすくなっていますので気をつけて歩いてください　**アクセス**／㊁伊豆急河津駅より修善寺行バスで25分、河津七滝バス停下車　㊋新東名長泉沼津ICより75分　㊟河津七滝駐車場、水垂バス停下無料駐車場

東-03～東-06まで同じ

登り尾南火山からの溶岩が覆いかぶさるように迫る迫力のある滝です。溶岩には柱のような形をした「柱状節理」が見られます。柱状節理は、普通は溶岩上部の空気に接している側や、溶岩下部の地面に接する側から内側に向かって冷えていきますが釜滝の柱状節理は、谷底を流れた溶岩からできているため、複雑な形をしています。この柱状節理の形が、滝の迫力ある景観に一役買っているように見えます。

東-04

【河津七滝 エビ滝】

／かわづななだる えびだる

滝の流れの形がエビの尾びれに似ていることから名付けられました。他の6つの滝と異なり、登り尾南火山より古い時代の地層でつくられているため、河津七滝で唯一柱状節理が見られません。

東-05

【河津七滝 出合滝】

／かわづななだる であいだる

2つの流れがここで出合ってひとすじの流れになる合流点です。流れ込む水の青さが印象的。

登り尾南火山の溶岩流が滝の両側に美しい柱状節理を作り出しています。

東-06

【河津七滝 カニ滝】

／かわづななだる かにだる

美しい渓流の中にひっそりと佇む、高さ約2m、幅約1mの小さな滝。滝壺の横の水流で削られた柱状節理の膨らみがカニの甲羅のように見えるので「カニ滝」と名付けられたといわれています。

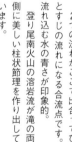

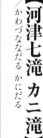

東-07

【シラヌタの池】

／しらぬたのいけ

基本情報

⚠2019年9月の台風15号の影響により吊り橋が破損し通行できなくなっています。そのため現在（※2021年2月）、訪れることはできませんが、貴重な自然が残る場所です

川久保川の上流に位置するシラヌタの池は原生林に囲まれた神秘的な池です。約20万年前まで噴火していた天城火山は、活動を終えたあと、長い間、雨風や地震などによって浸食されてきました。こうした浸食の過程で起こった地すべりによって窪地ができ、そこに水がたまってこの池ができたと考えられています。5月下旬から6月上旬にかけては「モリアオガエル」のめずらしい卵塊を木の枝に見ることができます。また、付近にある「シラヌタの大杉」も見所です。特異な地形と地質が、環境と生物群を育んだ好例となっています。「シラヌタの池とその周辺の生物相」は静岡県指定天然記念物にも指定されています。

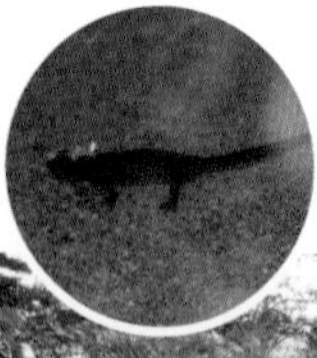

東-08

【北川温泉】

／ほっかわおんせん

基本情報

♥海に面した露天風呂「黒根岩風呂」などの立ち寄り湯もおすすめ　**アクセス**／(公)伊豆急伊豆北川駅より徒歩　(車)新東名長泉沼津ICより伊豆中央道経由で100分　**トイレ**／北川築城石公園内に有り

江戸城の石垣には伊豆半島各地から切り出された石が使われています。北川温泉で産出された80～20万年前の噴火でできた天城火山の溶岩も、良質な石材として利用されてきました。4トンもの石をシンボルに据えた海沿いの「築城石公園」は、潮騒さわやかな憩いの場となっています。

東-09

【黒根岬】

／くろねみさき

基本情報

アクセス／(公)伊豆急稲取駅より徒歩　(車)新東名長泉沼津ICより県道12号線経由90分

約1万9000年前、稲取火山から南東に流れ出した溶岩は海に達し、黒根と呼ばれる岬を作り出しました。この岬は岩場であるのにも関わらず狭い地域にクロマツ、トベラ、マルバシャリンバイ、カイガンマサキ、マルバアキグミ、イワタイゲキ、クサスギカズラ、スカシユリ、オニヤブソテツ、ハマホラシノブなど多様な海岸植物が観察できます。岬を見下ろす場所に磯部神社が祀られています。

東-10

【三段滝】
／さんだんだき

基本情報

♥川の流れに磨かれた滝を滑りおりるキャニオニングが行われています ⚠溶岩の上を流れる滝です。水にぬれた岩はとても滑りますので、転倒などに十分注意してください **アクセス**／㊮新東名長泉沼津ICより80分 414号線下佐ケ野交差点から10分 ㊟滝の入り口付近に数台分駐車スペース有り

約2万7000年前に噴火した伊豆東部火山群のひとつ「佐ヶ野川上流」火山から流れ出した溶岩の末端にかかる滝。溶岩末端にできた何段かの段差を佐ヶ野川の流れが磨き上げ、滑り台のような滑らかな流路を水が流れ落ちます。滝の周りの溶岩では、溶岩が冷却・収縮した際にできた節理が観察できます。

東-11

【佐ヶ野川遊歩道】

／さがのがわゆうほどう

基本情報

⚠水流に磨かれた溶岩は、表面がつるつるになっています。特に濡れているところは滑りやすくなっていますので、足元には十分注意してください

アクセス／㊟新東名長泉沼津ICより70分 ㊟県道沿いに駐車場あり。普通車4台、マイクロバス1台駐車可能

約3万6000年前の噴火で鉢ノ山から流れ出した溶岩の一部は、現在の佐ヶ野川に沿って流れ下りました。川と県道14号線の交差地点付近から、佐ヶ野川に沿って遊歩道が整備されています。

鉢ノ山から流れ下ってきた溶岩の上を流れる佐ヶ野川と、溶岩が冷え固まる際にできた柱状節理が美しい景観を作り出しています。

東-12

【城ヶ崎 橋立・大淀・小淀】

／はしだて・おおよど・こよど

基本情報

⚠全体に、足もとの悪い場所がありますので動きやすい服装でお越しください。海に流れ込んだ溶岩は波によって削られ、断崖絶壁を作っています。崖は崩れたりすることもありますので、崖の端に近づきすぎないようにしてください。大淀・小淀への道は急なくだり坂です。足元には十分注意してください。崖の下に入り込むような場合には、落石・倒木・落枝などの落下物にも十分な注意が必要です。大淀小淀は海面に近い潮だまりです。悪天候時や台風接近時などには波がかぶりますので、降りないようにしましょう

アクセス／(公)伊豆急伊豆高原駅より徒歩30分 (車)新東名長泉沼津ICより90分、橋立観光駐車場より徒歩20分　対島川に沿った遊歩道を歩きます。対島川が海に落ち込むところが対島の滝。遊歩道を八幡野方面に少し歩くと橋立つり橋。大淀・小淀への降り口はその少し手前です

城ヶ崎の海岸は約4000年前、大室山の溶岩流が海に流れ込んで作られました。城ヶ崎自然研究路にある長さ60m、高さ18mの橋立吊り橋はスリル満点です。つり橋の近くにある岬に降りると見事な柱状節理が見られ、柱状節理の窪みにできた大淀・小淀と呼ばれる潮溜まりがあります。この潮溜りではソラスズメダイなどの熱帯魚や、さまざまな貝類、海藻類などを間近で観察することもできます。伊豆高原を流れる対島川が城ヶ崎海岸の崖を落ちる対島の滝も見どころです。

東-13

【城ヶ崎いがいが根】

／いがいがね

基本情報

⚠足もとの悪い場所がありますので動きやすい服装でお越しください。海に流れ込んだ溶岩は波によって削られ、断崖絶壁を作っています。崖は崩れたりすることもありますので、崖の端に近づきすぎないようにしてください。また、崖の下に入り込むような場合には、落石などの落下物にも注意が必要です。いがいが根は城ヶ崎の中でも崖の高さが低い場所です。高潮や高波の際には注意が必要です　**アクセス**／㊣伊伊豆急伊豆高原駅より徒歩40分　(車)新東名長泉沼津ICより90分、駐車場から徒歩10分　**トイレ**／いがいが根駐車場　(駐)いがいが根駐車場に有り(20台)

ここ「いがいが根」では溶岩流が平たく広がり、起伏の少ないテーブル状の場所から城ヶ崎海岸を広く見渡すことができます。広がった溶岩の表面には、溶岩が流れる際に、先に冷え固まった表面の「皮」が砕かれてできたクリンカー＝「いがいが」が広がっています。溶岩の表面にできるこうした「いがいが」は専門的には「クリンカー」と呼ばれます。

東-14

【宇根】

／うね

基本情報

アクセス／㊫伊豆急富戸駅より徒歩10分　㊩新東名長泉沼津ICより90分

宇根の展望台からは富戸海岸と城ヶ崎海岸に流れ込んだ溶岩が一望できます。付近の海岸には、江戸城築城のために切り出された築城石が見られ、源頼朝と伊東祐親の三女八重姫との間に生まれた千鶴丸の悲しい物語が残る「産着岩」もあります。

東-15

【門脇崎】

／かどわきざき

基本情報

⚠足もとの悪い場所がありますので動きやすい服装でお越しください。海に流れ込んだ溶岩は波によって削られ、断崖絶壁を作っています。崖は崩れたりすることもありますので、崖の端に近づきすぎないようにしてください。また、崖の下に入り込むような場合には、落石などの落下物にも注意が必要です　**アクセス**／㊋伊豆急城ケ崎海岸駅より徒歩30分　㊌新東名長泉沼津ICより90分、門脇駐車場より徒歩3分　㊍門脇駐車場（有料）1日1回500円（15分まで無料）大型バス不可

門脇崎では、大室山の溶岩が作るダイナミックな城ヶ崎の地形を手軽に楽しむことができます。門脇灯台に登れば、海岸の雄大な景観と城ヶ崎を作った大室山の遠景を一望できます。起伏に富んだ海岸線に架かるつり橋からは、「柱状節理」も観察できます。つり橋を渡った先にある「つばくろ島」と呼ばれる岩場は、夏になると伊豆に渡ってくるアマツバメの繁殖地です。アマツバメは鳥類の中でも最速の部類に入る飛行速度を誇り、伊豆唯一の繁殖地であるこの場所から伊豆各地に飛んでいきます。侵食によりまわりが海に囲まれたこの岩場は外敵から身を守る安全なすみかなのです。岬付近はぎざぎざしたクリンカーに表面を覆われていますが、そうした厳しい環境に適応した植物も多く見られ、季節の植物も見どころです。

東-16

【大室山】

／おおむろやま

基本情報

♥山頂の売店では、「大室山三福だんご」が販売されています。山頂を一周しておなかが空いたら食べてみましょう

アクセス／(公)JR伊東駅より伊豆シャボテン公園行きバスで35分 (車)新東名長泉沼津ICより伊豆縦貫道経由約90分 (駐)無料駐車場あり。普通車500台、大型観光バス10台可

大室山《おおむろやま》は約4000年前の噴火でできた直径250〜300mほどのすり鉢状の噴火口を持つ火山です。伊豆東部火山群の中でも最大のスコリア丘《きゅう》であり、古くからおこなわれてきた「山焼き」の伝統行事によって、椀を伏せたような山体・地形が見事に保たれています。山体全体が国天然記念物の指定を受け、山体の保護のため現在は徒歩での登山は禁止されています。山頂へはリフトで上り、お鉢巡りができます。

約4000年前の大室山の噴火では、スコリア丘ができただけでなく、スコリア丘の麓から大量の溶岩が流れ出しました。伊豆シャボテン動物公園がある小高い丘は溶岩が流れ出した場所のひとつです。この溶岩の一部は海に流れ込み、城ヶ崎海岸を作り出しました。山頂からは天気が良ければ、小室山や一碧湖などの伊豆東部火山群が織りなすさまざま地形や富士山、大室山の溶岩が作り出した城ヶ崎海岸の景観を楽しむことができます。

空から降り注ぐスコリアが積み重なってスコリア丘ができる様子は、砂時計の砂がたまっていく様子にも似ています。砂時計の中にできる砂山は、崩れながら大きくなっていきますが、斜面は一定の角度よりも大きくなりません。この角度を「安息角《あんそくかく》」と呼び、砂時計やスコリア丘では30度程の斜度になることが知られています。

東-17

【岩室山】

／いわむろやま

基本情報

♥岩室山の上には「伊豆シャボテン動物公園」があります。「伊豆シャボテン動物公園」は、たくさんの動物やシャボテンに会えるだけでなく、城ヶ崎海岸を作り出した溶岩を観察するのにもとても適しています **アクセス**／(公)JR伊東駅・伊豆急行伊東駅よりバスで35分。シャボテン公園バス停下車 (車)東名高速道路、沼津ICまたは長泉沼津ICより90分 **トイレ**／シャボテン公園内 (駐)あり（有料）

「伊豆シャボテン動物公園」のある小高い丘が岩室山です。岩室山は、大室山スコリア丘のわきにできた溶岩の流出口で、たくさんの溶岩流がここから流れ出しました。噴火の最後には、溶岩流が溶岩ドームのような形になって火口をふさぎました。大室山からは大ざっぱに見積もっても3億8千トンもの大量の溶岩が流れ出ています。その溶岩流のほとんどは大室山のわきにある岩室山と森山から流れ出し、さまざまな方向に流れ下りました。海から大室山の方を眺めると、岩室山から流れ出した溶岩が城ヶ崎海岸を作り出している様子がよくわかります。

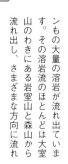

東-18

【一碧湖】

／いっぺきこ

約10万年前の噴火でできた火口湖。爆発的な噴火でできた火口は「マール」と呼ばれる丸いくぼ地を作り出しました。爆発的な噴火で作られた大量の細かい火山灰は火口の中にも堆積しました。その結果、このくぼ地は水が抜けにくい環境となり、湖となりました。水辺には県内でも珍しい植物が群生しています。チョウジソウの群生は県内で唯一の自生ともいわれています。一碧湖ができたずっとあとの約４０００年前には、大室山から流れてきた溶岩が湖に流れ込んで十二連島ができました。

基本情報

アクセス／(公)JR伊東駅・伊豆急伊東駅よりバスで20分 (車)新東名長泉沼津ICより80分

「伊豆の瞳」と呼ばれる一碧湖。
静かな湖畔は四季折々の美しさ
を見せてくれます

東·19

【小室山】

／こむろやま

基本情報

アクセス／(公)JR伊東駅より伊豆シャボテン公園行きバスで35分 (車)新東名長泉沼津ICより90分 (駐)普通車500台、大型観光バス10台

小室山は、大室山と同じ伊豆東部火山群に属する火山で、およそ1万5000年前の噴火によって溶岩のしぶき（スコリア）が火口の周りにふり積もってできたスコリア丘《きゅう》です。その山体の小ささからは想像できない多量の溶岩（5億3000万トン）を流出した火山であり、四方に分厚い溶岩台地を形成しました。川奈ゴルフ場や、川奈港の入り江などは、この溶岩の流出により作られたものです。一人乗りのリフトか徒歩で山頂まで登ることができます。山頂からは周囲の火山地形や、小室山から流れ出した溶岩が作る台地、遠くには天城山や富士山などを眺めることができる360度のパノラマが広がります。

東-20

【御石ケ沢（ナコウ山）】

／おいしがさわ（なこうやま）

基本情報

宇佐美江戸城石丁場遺跡　**アクセス**／

㊫ JR宇佐美駅より徒歩120分

伊豆が本州と衝突した後の100万〜50万年前頃に噴火を繰り返してきた宇佐美火山。その溶岩は良質な石材としても利用されてきました。徳川幕府の草創期、江戸城の大改革が行われた際には、大量の築城用石材が伊豆半島から調達されました。この時の主要な石丁場となったのがナコウ山であり、頂上には「羽柴越中守石場《はしばえっちゅうのかみ》」の標石があります。石工たちがあまりの作業の辛さに故郷を偲びながら泣いたのがナコウ山の名前の由来ともいわれています。

写真提供：伊東市教育委員会

コラム・観光

大室山～環境保全のための観光～

文・新名阿津子（伊豆半島ジオパーク専任研究員）

お椀をひっくり返したようなユニークな姿かたちをした大室山は、伊豆半島ジオパークを代表する山の一つです。ここには柔らかな芽吹きの春、緑鮮やかな夏、黄金色の秋、炎に包まれる真っ赤な冬と四季折々に趣の異なる色彩があります。北麓から頂上までリフトに乗って、爽やかな風を感じながら6分でたどり着くことができ、晴れた日には富士山、天城連山、伊豆諸島をぐるりと見渡すことができます。観光地としても名高い山ですが、その姿かたちを保つための観光に取り組む、いわば持続可能な観光の先駆者でもあるのが、この大室山なのです。

大室山の誕生を簡単に振り返りましょう。大室山は4000年前、一度の噴火によって誕生した山です。そのような山を単成火山といいます。噴火の際、火口からマグマのしぶきが空中に放たれ、それが冷えて固まってスコリアという石になりました。スコリアという石を観察してみると、色は赤っぽく、表面にはポツポツと穴があいており、手に取ると重量感のない軽い岩石だということがわかります。このマグマのしぶきであるスコリアが降

大室山のふもとにあるさくらの里。9月～5月にかけてさまざまな種類の桜を楽しめます

り積もってできたのが、この大室山です。

大室山はもともと茅場としての役割がありました。今のような便利な時代になる前、茅は家の屋根、炭俵の俵、肥料、燃料などに使われる生活必需品でした。大室山の茅場は池地区の人たちによって、700年以上もの間、維持されてきたという歴史があります。しかし、時代とともに私達の生活は変化していきました。家は茅葺屋根から瓦屋根、スレート、トタンなどへと変化していきます。燃料も木炭や薪から電気やガスへと変わりました。その結果、大室山は茅場としての役割を終え、伝統行事である山焼きが観光によって引き継がれるようになりました。

1961年に伊豆急行伊豆高原駅が開業すると、首都圏からの観光客が大室山を訪れ、登山するようになりました。登山客を案内するガイドが登場するなど、観光で賑わいを見せます。しかし、スコリアが降り積もってできた大室山の山肌を多くの登山客が歩いた結果、斜面が崩壊するという危機に見舞われます。これを解決するために導入されたのが観光リフトでした。

このリフトは池観光開発株式会社によって運営されています。この池観光は大室山を茅場として700年以上管理してきた池地区によって設立された会社で、池地区の人が山を守るためにリフトを設置したことで、山を守ることと観光を両立させました。そして、山焼きの伝統も継承しています。このように大室山はマスツーリズムの弊害を克服し、環境保全、地域社会の尊重、地域経済の発展のバランスが取れた持続可能な観光を実践してきた先駆者でもあるのです。

空から見た大室山

コラム・文化

伊豆型道祖神って？

道祖神という神様を知っていますか？「月日は百代の過客にして、行き交う年もまた旅人なり」から始まる松尾芭蕉「奥の細道」の序文の中で、「そぞろ神の物につきて心を狂はせ、道祖神の招きにあひて取るもの手につかず」として、旅に出かけたい気持ちを抑えられない様子を表現したときに登場した神様です。道端に祀られる神で、集落の守り神や子孫繁栄、行路の安全の神とされていることが多いようです。道祖神は「賽の神」や「道陸神」とさまざまな名前で呼ばれています。形も、

伊東市新井の伊豆型道祖神

ダメージを負った古いものから比較的新しいものまでさまざまな道祖神が並べられています

熱海市伊豆山の伊豆型道祖神

伊豆山神社の鳥居正面に祀られた伊豆型道祖神

男女が並ぶ「双体道祖神」や道祖神の文字が掘られた「文字道祖神」、祠の形をしたものなど地方によりさまざまです。中には丸い自然の石を利用した「球状道祖神」や、道祖神と表記されていなければ普通の石と見分けがつかないようなものまであり、洗練された

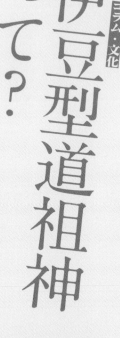

伊豆型道祖神って?・COLUMN

東伊豆町片瀬の伊豆型道祖神
地元の人によってハマヒルガオの花などでおめかししています

宗教というより、土着の自然崇拝に近いものを感じます。

伊豆半島の中・東部から神奈川県小田原市付近にかけて、伊豆型道祖神と呼ばれる一風変わった道祖神が分布しています。伊豆型道祖神は、ひとかたまりの石材から単体の坐像を彫りだしたもので、姿かたちは地域によって少しずつ異なるものの、全体として丸っこい、ころっとしたフォルムをしています。伊豆では「サイノカミ」「セエノカミ」と呼ばれることが多く、子どものための神様というニュアンスが見られます。子どもが病気になる代わりにサイノカミが病んでくれる、子どもや地域の方の悪さが書かれた閻魔帳を持っているサイノカミを「どんどん焼き（どんど焼き）」に入れて閻魔帳ごと年のはじめに焼いてしまう、子どもたちが願いをかなえるためにサイノカミを叩いたり海に投げ込んだり、などといったことが行われます。焼いたり叩いたりというのはちょっとひどい気もしますが、子どもたちと神様の交流ということなのかもしれません。凝灰岩（伊豆軟石）で作られていることが多いため、叩かれたりしたダメージが残っていることも多く、古く形の崩れたものと、新しいものが並んで祀られている姿もしばしばみられます。伊豆型道祖神のころっとした形状は、叩かれても壊れにくいようにという工夫なのかもしれませんね。

伊豆型道祖神は集落の入り口などに祀られることが多いため、古い地図などを見ながら集落の境界などを歩くと見つけることができます。花が飾られたり頭巾をかぶせられたりと、地域の方に大切にされている路傍の神様に出会うのも旅の楽しさです。

函南町丹那の双体型道祖神（上）函南町田代の双体型道祖神（下）伊豆の中部から北部にかけては双体型道祖神も見られます

コラム・ジオ

熱い温泉の中から見つかったもの

みなさん温泉は熱い方が好きですか？ぬるいほうが好きですか？筆者は40℃より少し低いくらいのぬる湯が好きです。世の中にはとても熱かったり冷たかったり、強い酸の中だったりと、人間には考えられないようなさまざまな環境の中に生き物（その多くは顕微鏡でしか見ることができない微生物）がいることがわかっています。伊豆にはたくさんの温泉がありますが、その中のいくつかはそのままではヒトが入るには熱すぎるため、冷ましてから利用されています。河津町の峰温泉もそうした熱い温泉の一つで源泉の温度は１００℃もあります。１００℃のお湯はどんなに熱いお風呂が好きな人でもさすがに入ることはできませんし、普段目にするようなほとんどの生き物はこの中では生きていません。１９６８年に、高温のため、生き物とは無縁と思われるような峰温泉の中から微生物が見つかり、サーマス・サーモフィルス（*Thermus thermophilus*）と名付けられました。55℃以上の温度で生きられる微生物を好熱菌といいますが、サーマス・サーモフィルスは75℃くらいが最適な成育温度の高度好熱菌で、私たちヒトが入るのをためらうような40℃後半のお湯が、彼らには寒すぎるのです。

こうした特殊な環境で生育する生き物は、１９６０年代頃から発見され始め、多くの情報を私たちに与えてくれています。さまざまな生き物の進化の様子を調べると、好熱菌が共通の祖先にあたるのではないかということもわかってきています。好熱菌は生き物の発生や進化の秘密を解き明かすヒントになるかもしれません。

さて、２０２０年から始まった新

熱い温泉の中から見つかったもの　COLUMN

型コロナウイルスの感染拡大では、ウイルスが体内にいるかどうかを調べるためにPCR検査が使われました。PCRとはPolymerase Chain Reaction（ポリメラーゼ連鎖反応）の略で、ごく微量の遺伝子を増幅することで、病気を発見したり、遺伝子を調べたりするための遺伝子技術です。PCRは画期的な技術で、この方法を開発したキャリー・マリス氏はノーベル賞を受賞したほどです。PCRで遺伝子を増やすためには、まず、二重らせん構造をもつ二本鎖DNAに95℃程度の熱を加え、より合わさった二本の鎖を一本ずつに分けます。その後、2つに分かれた鎖からふたたび二本鎖DNAを作ります。こうした操作を何度も行うことで、1本のDNAが2本、4本、8本と1回あたり2倍に増えていき、40回繰り返すと1兆本以上にもなります（実際には増幅に失敗することもありますのでもう少し少ないです）。この方法で、ごく微量にしか体内に含まれないウイルスのDNAを増幅して検出しているのです。二本に分かれた鎖からふたたび二本鎖DNAを作る際には「DNAポリメラーゼ」という酵素が働きます。ところがヒトが持っているDNAポリメラーゼはPCRの途中で必要となる高温に耐えられません。そこで、高温に強い好熱菌のDNAポリメラーゼを使うことで、PCRで効率よくDNAを増幅することができるようになりました。峰温泉から見つかったサーマス・サーモフィルスに由来するDNAポリメラーゼもPCRなどに広く利用されています。

多様な環境に暮らす生き物たちから、私たちはまだまだ学ぶことがありそうです。

大迫力の噴湯。この熱い湯にまさか微生物がいるとは驚きです

コラム・ジオ

伊豆半島に残る津波の記録

文・朝日克彦
（伊豆半島ジオパーク専任研究員）

伊豆は東に相模灘、西に駿河湾に挟まれた半島です。それぞれの湾はその底にプレートの境界があって、伊豆半島の東西にある駿河湾と相模灘ではフィリピン海プレートが沈み込みを起こしています。そのため沿岸部にありながら非常に深い海になっているのです。そしてそれぞれプレートの境界にあるため、地殻変動が活発に起こっています。海底の地殻変動によって地震が生じ、津波もたびたび発生してきました。実際に伊豆の沿岸各地には、過去の津波記録が残されています。

有名な話では1854年、条約交渉のため下田に停泊していたロシアの軍艦「ディアナ号」のエピソードがあります。停泊中に安政東海地震が起き、津波に見舞われて船は大破してしまいます。その時に起きた津波によって、下田の市街地もほぼ水没してしまいました。また、それより350年ほど前の1498年に起きた明応東海地震の際には、西伊豆町の仁科川を津波が遡上した記録が仁科の佐波神社の棟札に記録されています。その同じ津波で伊豆市小下田の丁ノ田地区は流失しており、その後集落は高台に移転したため、集落から鎮守の三島神社へは石段を下りる珍しい位置関係になっていたりします。このように、伊豆各地に津波被害の痕跡があり、供養塔や慰霊碑が遺されて、先人によって将来の津波を戒めてきたのです。

東日本大震災の際の三陸各地の津波碑がそうであったように、こうした過去の津波記録や碑は時間の経過ととも

伊豆沿岸の津波記録と将来への喚起 COLUMN

に徐々に人々の記憶から薄れ、忘れ去られてしまうこともしばしばです。しかし、過去の津波到達点を示す「津波碑」が人々の日々の生活の中に認識され、津波の危険性を喚起している好例もあります。伊東の市街地は高台もあるものの、多くは松川の三角州に発達した標高が低い地域です。そのため、相模湾のプレート境界を震源とする1923年の関東大震災では市街地で多くの被害が発生しました。その教訓を将来に残そうと、昭和62年頃、伊東市役所では市街地の14ヶ所に「関東大震災津波浸水点」という石碑を建てました。これらのいくつかは植え込みの中に埋もれたり、石垣の隙間で目立たなかったり、今では探すことすら困難ですが、川奈の海蔵寺に建てられた石碑は、今もその歴史を人びとに伝えています。川奈の市街地は漁港に面し、標高が特に低い地域です。街路も細く入り組んでいて、津波の危険性が高いところなのです。その中心地にある海蔵寺の境内への階段を見てみますと、脇には「関東大震災津波浸水点」の石碑のほか、1703年の元禄地震、1854年の安政東海地震の際の津波到達高の石碑も設置されています。1つの階段で3回の津波の到達記録を見ることができ、地域の人々にとっては日々の生活の中で目にするものとして存在しています。こうして地震の際には、より高い場所へ逃げなければ、という意識が醸成されるのです。

　地域のお地蔵様や観音像の中にはこうした過去の津波の到達点や、被害を戒めるものがあります。皆さんの住んでいる場所でもそうしたものを今一度見直して、明日への備えを新たにしてみてはどうでしょう。

よく見ると赤線を引いた部分に石碑が3本埋まっています

西伊豆町仁科
佐渡神社棟札

写真撮影：仲田慶枝

出典：都司ほか（2013）、伊東市教育委員会（2005）

Area of IZU Peninsula

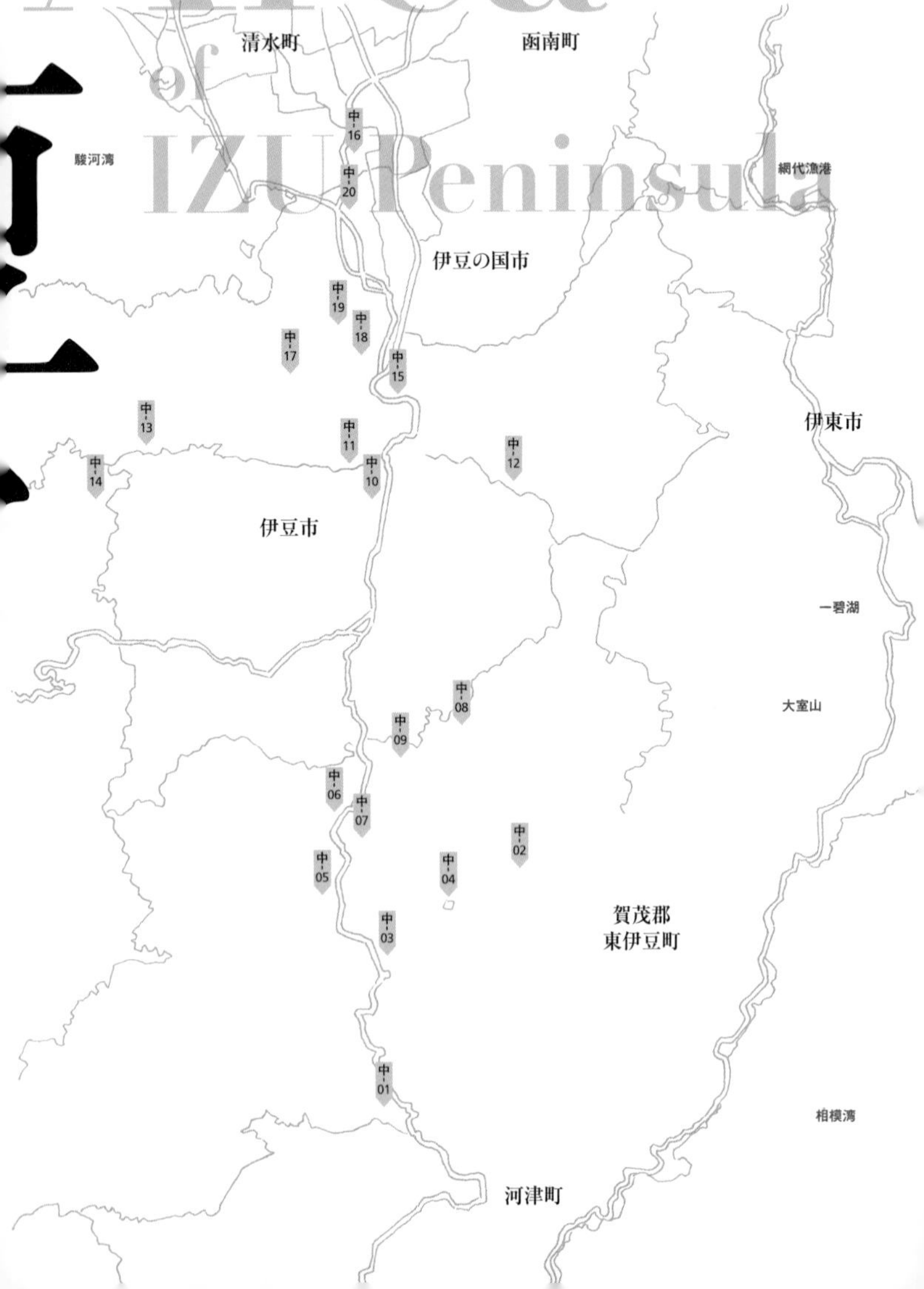

Centra
中伊豆エリア

豊かな山の恵みを感じられる中伊豆エリア。
陸上大型火山であった天城山には
千年以上の時をかけてたどり着いた
美しい原始のブナの森があり、
伊豆半島にしかない植生の美しさを観ることができます。
このエリアでは多くの文豪や芸術家を惹きつけてきた
自然の神々しさを感じられます。

中-01

【河津七滝ループ橋】

／かわづななだるるーぷきょう

基本情報

♥橋のすぐ近くには伊豆東部火山群の溶岩が作った河津七滝があります。ループ橋を作らざるを得なかった急峻な谷に沿って迫力ある滝が見学できます。⚠直径80mの急なループです。スピードの出しすぎには注意しましょう

アクセス／(公)伊豆急行河津駅よりバスで20分。上条バス停下車 (車)東名沼津IC、新東名長泉沼津ICより車で80分 (駐)ループ橋の真下に駐車場有り

駐車場から眺めるループ橋も迫力があります

「天城越え」の国道414号線が通るループ橋。二重のループで高低差45mをいっきに解消します。ループ橋ができる前は東側の山の中をつづら折れになった国道が通っていましたが、1978年の伊豆大島近海地震の際に起こったがけ崩れをきっかけにして、このループ橋が作られました。険しい天城の山を克服するための人々の工夫のひとつです。ループ橋は、その構造や耐震性が評価され、土木学会田中賞を受賞しています。

中-02

【カワゴ平】

／かわごだいら

基本情報

⚠カワゴ平火口へのルートは、移動距離も長いため十分な準備と時間的な余裕をもってください　**アクセス**／㊣伊豆箱根鉄道修善寺駅よりバスで30分筏場新田バス停下車カワゴ平まで徒歩約250分　㊟新東名長泉沼津ICより70分林道ゲート前に駐車カワゴ平まで徒歩約210分　㊟筏場林道入り口のゲートわきに数台駐車可

「カワゴ平（皮子平）」と呼ばれる平坦地は、約3200年前に起きた、伊豆東部火山群の中でも最大規模の噴火の火口です。苔むした溶岩が分布する火口の周辺には、ブナの原生林が広がり、春から初夏には固有種のアマギシャクナゲが、秋には紅葉が美しく彩ります。この噴火による火山灰は遠く琵琶湖の近くでも見つかっており、一連の噴火の中で火砕流も噴出しました。さらに噴火の最後には軽石質の溶岩が流れ出し、隙間の多いこの溶岩が大量の地下水を涵養《かんよう》しています。カワゴ平は、爆発的な噴火によってできた巨大な火口を持つ凹地で、7億6000万トンものマグマを噴出しました。この火山噴火は粘り気の強い流紋岩質マグマの噴出や火砕流の発生など、伊豆東部火山群においてそれまでに無かった特徴を持った噴火でした。この噴火で噴出した軽石質の溶岩は、軽さや耐熱性から天城抗火石と呼ばれ、古くから建材などに利用されてきました。

火砕流堆積物の中には火砕流に巻き込まれた巨木が丸ごと含まれていることもあり、天城神代杉・神代ヒノキと呼ばれ重宝されました。神代杉は、標本として伊豆市にある伊豆市資料館や、昭和の森会館で見学することができます。

中-03

【天城山隧道】

／あまぎさんずいどう

基本情報

⚠現在も車が通行できるトンネルです。狭いトンネルですので、車で通過する方は歩行者に、歩いて通過する方は車に注意してください。またアクセス路の一部は未舗装です　**トイレ**／冬季はトイレが閉鎖されています　**アクセス**／(公)伊豆箱根鉄道修善寺駅より河津行バスで35分水生地下バス停下車　(車)新東名長泉沼津ICより70分　(駐)トンネルの両側に数台ずつ駐車できるスペース有り

天城火山（最高地点は万三郎岳1406m）は20万年前頃まで噴火を繰り返していた火山です。この天城山は豊かな水を地域にもたらす恵みの山である一方、伊豆の南部と北部を隔てる大きな地形的な障害でもありました。伊豆の人々は天城の山を越えるために道を作ってきましたが、天城の山は険しく、多くの雨が降ることもあって、苦労して通した道もがけ崩れなどで何度も通行不能になってきました。

天城の山を抜ける天城山隧道（国指定重要文化財）は1905年に開通しました。このトンネルは地元の住民の悲願でもありました。トンネルの開通に伴ってできた新しい天城越えルートによって、伊豆の南北はつながり、地元の人々だけでなく、多くの旅人がこの地を通過するようになりました。文豪たちもこの道を訪れ、「伊豆の踊子（川端康成）」をはじめ、多くの文学作品の舞台にもなりました。

1970年には新しく掘られた新天城トンネルにその役目をゆずりましたが、伊豆の交通に大きな役割を果たしたこの場所を訪れる人は今も後を絶ちません。

中-04

【八丁池】

／はっちょういけ

基本情報

⚠長時間の山歩きになります。きちんとした山登りの服装・装備でお越しください　**アクセス**／㊣伊豆箱根鉄道修善寺駅より河津行きバスで八丁池口バス停下車、徒歩約60分（季節運行）または水生地下バス停下車　徒歩約150分　㊍新東名長泉沼津インターより60分で水生地下無料駐車場、徒歩約150分

約80～20万年前に噴火を繰り返した天城火山。天城山の上にある八丁池は火口湖と呼ばれていましたが、天城山の斜面にできた活断層のずれによって谷の最奥部に窪地ができ、そこに水がたまってできた断層湖であることが分かってきました。池の周囲の天城火山の緩斜面にはブナやヒメシャラなどの原生林があります。

中-05

【滑沢渓谷】
／なめさわけいこく

基本情報

⚠渓谷沿いに未舗装の遊歩道が整備されています。水流に磨かれた渓流の岩場は滑りやすいため注意してください

アクセス／(公)伊豆箱根鉄道修善寺駅よりバス40分「滑沢渓谷」バス停下車、徒歩約10分 (車)新東名長泉沼津ICより50分 (駐)駐車スペースあり

「滑沢渓谷」バス停から林道を下りると、狩野川の上流の本谷《ほんたに》川に至り、その付近に西側から合流している滑沢渓谷を見ることができます。滑沢渓谷の底に続いている滑らかな一枚岩は、谷を埋めて流れた溶岩。その表面には美しい節理（溶岩が冷却する際にできた割れ目）が刻まれています。豊かな水の流れがこの堅い溶岩を、長い年月をかけて磨き上げ、今のなめらかな姿になりました。

この溶岩流は滑沢沿いをしばらく上流まで辿ることができ、遊歩道に沿って歩いて行くと、古木「天城の太郎杉」の手前で火山性の土石流の地層を見ることができます。井上靖《いのうえやすし》の処女作、『猟銃』のモチーフにもなりました。

中-06

【浄蓮の滝】

／じょうれんのたき

基本情報

アクセス／㊬伊豆箱根鉄道修善寺駅より河津駅または昭和の森行きバスで35分　浄蓮の滝バス停下車、徒歩5分
㊮新東名長泉沼津ICより60分

鉢窪山と丸山は伊豆東部火山群の火口のひとつで約1万7000年前の噴火でできました。

この噴火で流れ出した溶岩は、国道136号が走っている茅野《かやの》の台地をつくり、その後、溶岩の上の平坦面には集落と農地ができました。溶岩流の端の崖を流れ落ちる滝がこの浄蓮の滝です。滝の横には溶岩が冷えて収縮する際にできる柱状の岩「柱状節理」ができ、柱状節理と滝が折りなす美しい景観を作り出しています。

滝のまわりには国内では九州南部と浄蓮の滝でしか見られない「ハイコモチシダ（別名：ジョウレンシダ）」が滝の飛沫をうけ、群生しています。滝の下流に少し歩くと、滝の下からの湧水を利用したわさび田が広がっています。

中-07

【鉢窪山】

／はちくぼやま

基本情報

⚠山頂への遊歩道は50分程度のハイキングです。動きやすい服装でお越しください　**アクセス**／(公)伊豆箱根鉄道修善寺駅より昭和の森会館行きまたは河津駅行きバスで昭和の森会館バス停下車、徒歩70分　(車)新東名長泉沼津ICより60分、徒歩で山頂まで50分　(駐)登山道入り口の解説版付近に数台分有り

鉢窪山《はちくぼやま》は、伊豆東部火山群の仲間で、約1万7000年前に噴火した火山です。スコリア（噴火で吹き上げられたマグマのしぶき）が火口のまわりに降りつもってできた「スコリア丘《きゅう》」で、お椀を伏せたような特徴的な姿を浄蓮の滝の駐車場付近や道の駅「天城越え」付近から眺めることができます。この噴火では鉢窪山のふもと付近から溶岩が流れ出し、平たい土地や浄蓮の滝を作り出しました。遊歩道を歩くと約50分ですり鉢状の噴火口のある山頂に到着します。また、北側を眺めると、天気の良い日には遠くに富士山を望むこともできます。

中-08

【筏場のわさび沢】

／いかだばのわさびさわ

基本情報

アクセス／(公)修善寺駅よりバスで30分筏場新田バス停下車 (車)新東名長泉沼津ICより70分 (駐)県道59号からカワゴ平へ向かう林道に入ってすぐ右手に数台分あり（作業車優先）

筏場新田は約3200年前に起きたカワゴ平火山の噴火による溶岩の末端付近に位置しています。噴火の最後に流れ出した軽石質の溶岩に蓄えられた大量の水は、清廉な湧き水となってワサビを育みます。総面積14・7ヘクタールにも及ぶ伊豆を代表するワサビ産地で、周辺には美しいワサビ沢が一面に広がります。豊富な湧き水を利用したワサビは伊豆の特産品で、生ワサビだけでなく、さまざまな加工品もおすすめです。畳石式と呼ばれる特徴的なワサビの栽培方法は「静岡水わさびの伝統栽培」として世界農業遺産にも認定されています。

わさび沢は観光地ではありません。見学される場合は生産者さんの迷惑にならないよう、十分に配慮して下さい。

中-09

【荒原の棚田】

／あれはらのたなだ

基本情報

アクセス／(公)修善寺駅よりバスで30分 湯ヶ島下車徒歩約30分 (車)新東名長泉沼津ICより60分

荒原《あれはら》の棚田は、天城の山の中に現れるちいさな平坦面の上に作られた棚田です。この平坦面は「国士峠南《こくしとうげみなみ》火山」から流れてきた溶岩流による平坦面と、長野川が運んだ土砂がたまってできた平坦面（段丘面）で、棚田はこの両方にまたがって広がっています。国士峠南火山は伊豆東部火山群のひとつで、約3万6000年前に起こった噴火でできた火口です。棚田の景観や機能の維持・保全による地域の発展を目指し、農林水産庁が指定した「日本の棚田百選」にも選ばれています。

中-10

【旭滝】

／あさひだき

基本情報

アクセス／㊋伊豆箱根鉄道修善寺駅よりタクシーで約10分 ㊥新東名長泉沼津ICより50分 ㊟数台は駐車可能

修善寺温泉周辺に厚くたまっている軽石の層を貫いて地下から上昇してきた玄武岩の岩体が旭滝玄武岩です。軽石層中に入り込んだマグマは冷え固まる際に収縮し、柱状の岩「柱状節理」を作りました。旭滝では、滝の表面に柱状節理の6角形の断面が見えています。あたかも人工的に積み上げた石壁のような旭滝は、溶岩が作った自然の美しい造形です。

かつて、旭滝の下には普化宗（虚無僧の宗派）のお寺がありました。現在は滝の近くの登る歩道沿いに僧侶の墓標である卵塔《らんとう》（無縫塔）が残されています。虚無僧といえば編み笠と尺八です。旭滝は尺八の名曲「瀧落之曲《たきおとしのきょく》」が作曲された場所としても知られています。

中-11

【修善寺温泉】

／しゅぜんじおんせん

基本情報

アクセス／㊄伊豆箱根鉄道修善寺駅より修善寺温泉行きバスで修善寺温泉バス停下車　㊟東名沼津ICより伊豆中央道修善寺ICを下りてすぐ

807年に空海によって開かれたとされる修禅寺を中心とした歴史ある温泉。修禅寺には国指定重要文化財の大日如来などが安置されています（普段は非公開）。修善寺温泉は、約50万年前まで噴火を繰り返していた達磨火山の麓の谷あいに位置します。温泉場から4㎞ほど上流の修禅寺奥の院では、板状節理が刻まれた達磨火山の溶岩流も見ることができます。達磨火山の谷の中を流れる桂川沿いには海底火山噴出物が分布します。達磨火山の下にあった地層が浸食によって姿を現したものです。修善寺の温泉は、この地層の中から湧き出しています。修善寺は夏目漱石や芥川龍之介など多くの文豪に愛され、数多くの作品が生み出された場所でもあります。また、修善寺を舞台にした源頼家の暗殺をめぐる岡本綺堂の戯曲「修禅寺物語」もぜひ。

中-12

【下白岩】

／しもしらいわ

基本情報

♥伊豆市資料館は中伊豆地方の歴史や文化を紹介する資料館です。レピドシクリナ、サメの歯、ウニのトゲなどの化石のほか、隣接する国指定史跡「上白岩遺跡」など周辺遺跡からの出土品、カワゴ平の噴火の際の神代杉などの資料も展示・保存されています ⚠化石の採取は禁じられています **アクセス**／(公)伊豆箱根鉄道修繕寺駅より中伊豆・伊東方面行きバスで10分、白岩下車徒歩5分 (車)新東名長泉沼津インターより70分

伊豆市下白岩の石灰質砂岩には、レピドシクリナという大型有孔虫化石をはじめ、海洋性の生物化石が大量に含まれています。この化石は、この地層がたまった場所が、約1100万年前の南洋であることを示す証拠となっています。レピドシクリナという生物は熱帯や亜熱帯の暖かい海に棲んでいた生物です。日本周辺が今よりも暖かかった約1600万年前には日本全国に生息していましたが、その後の寒冷化に伴い、日本周辺からは居なくなってしまいました。ところが、伊豆半島では、約1100万年前の地層の中からレピドシクリナの化石が見つかっており、地学の世界ではナゾになっていました。このナゾに答えを与えたのが「プレートテクトニクス」の考え方です。日本周辺がレピドシクリナが生息するには寒かった約1100万年前に、伊豆は南洋の暖かい海に位置し、そこでレピドシクリナが含まれる地層ができました。その後、プレートの運動にともなって北上して日本に衝突したため、伊豆半島でのみ化石が見つかったというものです。

学術的に大変貴重なこの石灰質砂岩は、「下白岩のレピドサイクリナ化石産地」として県指定天然記念物にも登録されています。

近くにある伊豆市資料館に、採取された化石が展示されています。

中-13

【だるま山高原レストハウス】

／だるまやまこうげんれすとはうす

基本情報

アクセス／(公)伊豆箱根鉄道修善寺駅より戸田行きバスでだるま山レストハウスバス停下車　(車)東名高速道路沼津ICより60分　(駐)達磨山を遠くから眺めるなら、狩野川記念公園にも無料駐車場有り

伊豆半島の北西部にそびえる達磨山は、天城山と共に伊豆を代表する大型火山の一つであり、約100万～50万年前の噴火で作られました。駿河湾に面した達磨山の西側斜面は、浸食によって大きく抉られた谷間が形成され、その出口には戸田港を見ることができます。

一方、東斜面には元の火山地形である緩やかな斜面が修善寺付近にまで広がっています。

達磨山レストハウス横の展望デッキからは、伊豆半島北部や富士山、丹沢山地が一望できます。

ここからの景色は、伊豆半島の成り立ちをぎゅっと凝縮した景色で、さまざまな時代、成り立ちでできた地形を眺めることができます。

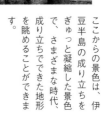

中-14

【だるま山高原】

／だるまやまこうげん

基本情報

アクセス／だるま山高原レストハウスからハイキングコースで達磨山に行くことができます。だるま山レストハウスから達磨山までは徒歩90分。そこから土肥駐車場、船原峠を経て大曲茶屋からバスで修善寺駅に戻れます。（全体で3時間40分）車の場合は、西伊豆スカイラインを船原方面へ走り、達磨山近くの駐車場に駐車することができます
㊟東名沼津ICより60分 ㊟西伊豆スカイライン達磨山北側登山口駐車場または戸田駐車場

達磨火山が噴火を終えてから50万年がたちますが、火山がつくったなだらかな裾野が残っており、こうした山の斜面はみかん栽培やゴルフ場などに利用されています。修善寺から緩やかな斜面を登ってくると、なだらかな高原に至ります。駿河湾から吹く強い風に耐えるササで覆われた高原を走る道路では、いたるところで素晴らしい眺望が得られます。稜線にそって遊歩道も整備され、山頂まで気持ちの良いハイキングを楽しむこともできます。達磨山山頂もすばらしく眺めが良く、晴れた日には遠く南アルプスまで見渡すことができます。

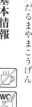

中-15 【水晶山・大仁橋】

／すいしょうざん・おおひとばし

基本情報

アクセス／(公)伊豆箱根鉄道大仁駅から徒歩約5分　(車)新東名長泉沼津ICより40分

三島と下田を結ぶ「下田街道」。現在は国道136号線が水晶山《すいしょうざん》の対岸を通っていますが、かつてはこの下田街道が伊豆の南北交通の要でした。三島を出発した下田街道は、ここ大仁橋で初めて狩野川を渡ります。古くは渡し船で狩野川を渡っていましたが、明治の中ごろに橋が架かりました。狩野川の氾濫などにより何度か橋が架けかえられ、2008年から使われている現在の大仁橋は五代目になります。水晶山のふもとにある「ポケットパーク」では、こうした水害と向き合ってきた人々の歴史も学ぶこともできます。

水晶山は標高60mほどの小さな山ですが、山頂やふもとからの狩野川の眺めはすばらしく、地域の人々に愛されてきました。山の上部には、海岸に多いウバメガシが見られます。内陸部でこうしたウバメガシが群生しているのは珍しいことです。この山は伊豆が海底火山だったころの地層で、かつては水晶も採れたということです。水晶の鉱脈は、かつて対岸にあった大仁金山の金銀と同じように、地下の高温の温泉水の影響でできたと考えられています。

中-16

【北江間横穴群】

／きたえまよこあなぐん

基本情報

♥「北江間横穴群」には大北横穴群と大師山横穴群があります。ここで紹介しているのは大北横穴群です。古代の人々が暮らしたこの土地では、今ではいちご栽培が盛んです。年末から翌5月頃までは、横穴群から徒歩約10分の江間いちご狩りセンターなどの観光農園でいちご狩りを楽しむことができます ⚠斜面に作られた横穴墓へは、安全確保と遺跡の保護のため、登らないようにしましょう **アクセス**／（公）伊豆箱根鉄道韮山駅下車、タクシーで15分 （車）伊豆縦貫道函南塚本ICより伊豆中央道 江間料金所降りてすぐ （駐）数台分有り。バスは不可

北江間横穴群（国指定史跡）は、海底にたまった火山灰の地層に掘られた遺跡です。伊豆半島北部の田方平野周辺では、7世紀ころから横穴墓がつくられるようになり、数多くの横穴墓が現存しています。狩野川の左岸側（西側）では、海底にたまった火山灰の地層の中に多く確認されています。一方で、右岸側（東側）の北部では、箱根火山の火砕流堆積物の中に多くの横穴墓が見られます。これらの地層ができた時代はまったく異なっていますが、どちらも掘りやすい地層で、石材としても使われてきました。北江間横穴群は7～8世紀ころにかけて利用されていた横穴墓群です。横穴墓には内部に石棺《せっかん》が据えられているものもあれば、石櫃《せきひつ》（火葬骨を入れるもの）が納められているものもありました。こうした違いは、この地域の埋葬方法が土葬から火葬に移り変わっていったことを示していると考えられています。

なお、出土した石棺の中には「若舎人《わかとねり》」と記されたものも確認されています。舎人は天皇に仕える役人のことで、そうした重要な地位にあった人物がこの地にいたことを示す証拠でもあります。現地に置かれている「若舎人」の石棺はレプリカで、本物は伊豆の国市役所横の「あやめ会館」1階に展示されています。横穴群の分布や、そこで見られる地層を観察することで、大地の成り立ちとそこで暮らしてきた人々の歴史の一端を垣間見ることができます。横穴墓は、発掘したままの姿で観察することができます。地域の歴史を今に伝えるとても重要な遺跡ですので、無理に登ったり傷つけたりしないように気をつけましょう。

中-17

【雄飛滝】

／ゆうひだき

基本情報

アクセス／(公)伊豆箱根鉄道修善寺駅よりタクシーで15分 (車)東名沼津ICより30分、伊豆中央道路経由、大仁南ICを下りて10分 (駐)なし

旭滝と同じく「火山の根」にかかる滝で、小さな滝ではありますが柱状節理の間を縫って流れ落ちる滝は見ていて飽きません。旭滝と同じく「火山の根」いかかる滝です。小さな滝ではありますが、斜めに傾いた柱状節理の間を縫って流れ落ちる滝の姿は少し不思議で、見ていて飽きません。周辺の木々は秋になると紅葉しますので、滝と紅葉を楽しむのもおすすめです。滝の下には不動明王が祀られています。

中-18

【城山】

／じょうやま

基本情報

⚠ハイキングコースには歩きやすい服装で入ってください。ハイキングコースの途中にロッククライミングルートへの分岐がありますが、落石や滑落の恐れがありますので、十分な装備がない方は立ち入らないようにしてください

アクセス／㊕伊豆箱根鉄道　大仁駅より徒歩約20分　城山登山口　登山口から山頂までは60分　㊟登山口付近に数台分有り

三島から伊豆南部を目指す際に、訪れるものの目を引く特異な岩山が城山です。この岩山も「火山の根」のひとつで、巨大な岩壁はロッククライミングのゲレンデとしてもよく知られています。山頂からは遠く富士山や天城山を、眼下に狩野川や下田街道（三島と下田を結ぶ古くからの街道）を眺めることができます。また、戦国時代には金山城という山城があり、山頂はその眺望の良さから見張り台として使われていたと考えらえています。

中-19

【葛城山】

／かつらぎやま

基本情報

♥山頂へはロープウェイを利用して登ることができます。詳しくは伊豆の国パノラマパークのwebサイトをご覧ください ⚠ハイキングコースは急な坂道があり、一部歩きにくいところもありますので、動きやすい服装で入ってください **アクセス**／(公)伊豆箱根鉄道伊豆長岡駅よりバスで15分、伊豆の国市役所前下車 (車)東名高速道路沼津ICより伊豆縦貫道経由で40分

葛城山は「火山の根」のひとつで、長年の浸食に耐えたこの急峻な山の山頂からは、伊豆が海底火山だった頃から現在に至るまでのさまざまな時代における大地の活動のなごりを一望することができます。また、眼下の田形平野を流れる狩野川や、街の分布やその広がりもみどころです。

山頂への往復はロープウェイを使うことが一般的ですが登山道も整備されています。登山道の途中には板状節理（マグマが冷え固まりできた積み重なった板のような構造）がみごとな龍神岩なども見られます。また、山腹部には広いみかん農園があり、秋にはみかん狩りを楽しむこともできます。

中-20

【狩野川放水路】

／かのがわほうすいろ

基本情報

♥狩野川中流の伊豆の国市神島地区では毎年8月に、川を鎮め水難者を供養する伝統行事「かわかんじょう」が行われています。狩野川資料館では（2021年4月開館予定）狩野川台風や狩野川の歴史に関する貴重な写真、映像が展示されているほか、狩野川の自然とそこに生きる生き物たちについても知ることができます ⚠許可なく放水路内への立ち入りはできません ㊟なし

伊豆半島北部を南から北に流れる狩野川は、下流部では富士山や箱根火山からの土砂に阻まれ、川幅が狭くなってしまっています。川幅が狭くなってしまうとたくさんの水を流すことができなくなるため、狩野川はしばしば氾濫し、この川の治水は古くから地域の課題でした。

狩野川放水路は、本川の流量を抑えるため、狩野川を海へバイパスする人工水路です。

1951年に着工しましたが、工事途中の1958年に起こった狩野川台風をうけ、当初2本のトンネルで計画されていた水路を、3本のトンネルに設計変更しました。1965年に完成した放水路は、最大で毎秒2000㎥を分流することができ、下流の人々の生活を守っています。

修善寺の美しい竹林

コラム 文化

伊豆の校歌

文・新名阿津子
（伊豆半島ジオパーク専任研究員）

みなさんは自分が通った学校の校歌を覚えていますか。校歌には、その土地の風景が描かれ、建学の精神や校風、教育理念が歌われています。伊豆の校歌を見てみると、そこには日本近現代文学を代表する作家の作品が残されていました。

まずは井上靖です。幼少期を湯ヶ島で過ごした井上靖は天城中学校とのつながりが深く、校歌の作詞、校訓「克己」の生みの親、生徒会誌への寄稿が挙げられます。校歌では「天城山」、「富士山」、「狩野川」、「いで湯」という風景の中で、溌剌と学び研鑽する生徒の姿が描かれていました。

天城中学校校歌

天城の峯に　今日もまた
夢と希望の　白き雲
天城の男の子　伊豆少女
歌聲高く　集うなり
緑の丘に　三年の
斈びに勵む　若き日々
ああ　われらの天城中学校

狩野の流れは　永遠に
清く生きよと　岩走る
いで湯の烟り　丘の樹々
朝な夕なに　風渡る
この斈舎に　三年の
自己鍛錬の　若き日々
ああ　われらの天城中学校

富士の高嶺は　太古より
濁りに染まず　ひとり立つ
ちちははの國　伊豆の國
ゆたかに廻る　春と秋
狩野の川邊に　三年の
情操育む　若き日々
ああ　われらの天城中学校

次にご紹介するのは沼津市我入道出身の作家、芹沢光治良です。芹沢は幼くして宗教活動に熱心だった両親と離れ、叔父夫婦と祖父母に育てられました。我入道にある文学碑「風に鳴る碑」には「幼かりし日われ　父母にわかれ　貧しく　この浜に立ちて　海の音　風の音をききて

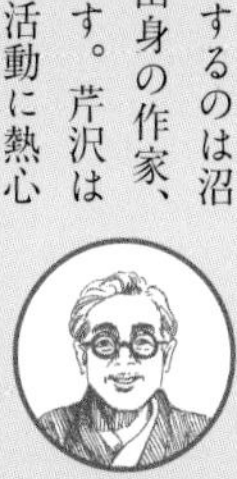

はるかなる　とつくにを想えり」と記されています。幼少期の貧しい暮らしの中で、沼津の海辺から遠い国へと思いを馳せた芹沢ですが、香貫小学校の校歌では「岡の学校」という定点から、朝昼夕と光や風がうつろう中で、心身ともに健やかに学び、未来へと羽ばたく子どもの姿を描きました。

沼津市立香貫小学校校歌

岡の学校　朝風かおり　なごやかに　集えるわれら
手をつなぎ　はげましあって
学びの園に　知恵を積まん
香貫　香貫　香貫の子供われら

岡の学校　光あふれて　のびやかに　いそしむわれら
身をきたえ　情を育て　文化の国を　築かばや
香貫　香貫　香貫の子供われら

岡の学校　西風あれて　たくましく　働くわれら
肩を組み　意志を強め　平和の国を　うちたてん
香貫　香貫　香貫の子供われら

岡の学校　夕陽に映えて　面をそめ　たたずむわれら
海原に　しずむ陽おがみ　羽ばたく未来を　たのしまん
香貫　香貫　香貫の子供われら

最後にご紹介する校歌は伊東市立西小学校です。

伊東市立西小学校校歌

西に山、東に海、
美しいかな、この岡、われらが里
あれ　あれ　あれ　あれ、朝日子登る
あれ　あれ　あれ　あれ、船出の叫び
されぱわれ等も親々の如く、
力めむかな、いざ、はらからよ、友よ
力めて更に歩武を進めむ

額に汗、
腕に力、
意志強く、質實に、されどや

伊豆の校歌 COLUMN

さしく、
いざ、はらからよ、同窓の友
よ
あな　あな　あな　あな、幸
ある御國
あな　あな　あな　あな、樂
しきつどひ

伊東市立西小学校の校歌は文語調であり、天城中学校や香貫小学校と異なる趣があります。これは伊東市出身の作家であり医者の木下杢太郎の作品です。もともとは明治に作られた作品ですが、昭和に入って伊東尋常高等学校の校歌として採用され、それが伊東西小学校に引き継がれたものです。「西に山　東に海」と天城山と相模湾に囲まれた環境で、友と共に力強く学ぶ姿が描かれています。おそらく入学したばかりの子どもたちにとってこの校歌は難解でしょう。しかし、卒業を迎える頃にはこの校歌の意味を知るようになり、自分自身の成長を感じることができるのではないでしょうか。

　この3つの校歌を比べてみますと、明るく朗らかに溌剌とした描写の井上、香貫の地から未来へと羽ばたく子どもたちを描いた芹沢、友とともに力強く学ぶ姿を描く木下と、それぞれに味わい深い作品です。彼らの他にも草野心平の熱海高校校歌、弾厚作（加山雄三）の下田高校校歌、阿久悠の『地球の丸さを知る子どもたち（熱海市立初島小中学校校歌）』などがあります。ご自身が歌ってきた校歌を思い出しながら、伊豆の校歌を味わってみてはいかがでしょうか。

木下杢太郎
（きのした もくたろう）
（1885 ～ 1945）

伊東市生まれ。東京帝国大学医科大学在学中に、与謝野鉄幹、晶子が主宰する新詩社に参加して文学活動を始める。後にパンの会の中心メンバーとなる。医学者としての研究活動も行いながら、幅広い創作活動を行った。

芹沢光治良
（せりざわ こうじろう）
（1896 ～ 1993）

沼津市生まれ。両親が宗教家となり、伝道生活に入ったため、叔父夫婦と祖父母に育てられる。1943年刊行の『巴里に死す』がフランスでベストセラーとなる。自伝的長編『人間の運命』で芸術選奨文部大臣賞受賞。

井上 靖
（いのうえ やすし）
（1907 ～ 1991）

北海道で生まれ、天城湯ヶ島、三島・沼津で18歳まで過ごす。小説『闘牛』で第22回芥川賞受賞。『天平の甍』『敦煌』などの中国大陸を舞台にした歴史ものでも高い評価を得た昭和を代表する作家。

コラム・文化

天城峠を越えていけ

文・新名阿津子（伊豆半島ジオパーク専任研究員）

天城峠というと真っ先に思い浮かぶのが1986年に発表された石川さゆりの「天城越え」ではないでしょうか。この歌は吉岡治、弦哲也、桜庭伸幸の3人の男たちが湯ヶ島にある温泉旅館「白壁荘」に滞在し、湯ヶ島や天城隧道、天城山を散策しながら作られていきました。曲中では浄蓮の滝、寒天橋、わさび沢と天城の景色の中に女性の感情が歌われており、令和の今でも歌い継がれる昭和の名曲です。

一方、日本の文学史を紐解くと、そこにも男たちが描いた天城峠をめぐる物語がありました。最も有名なのは川端康成の短編小説「伊豆の踊り子」でしょう。孤独に悩む旧制高校の学生が、伊豆へと一人旅にやってきました。途中、旅芸人一行と出会い、そこにいた清純無垢な踊り子に思いをつのらせていきます。この出会いが、孤児根性のよって歪んでいた主人公の心を解きほぐし、天城から下田までの旅を彩っていき

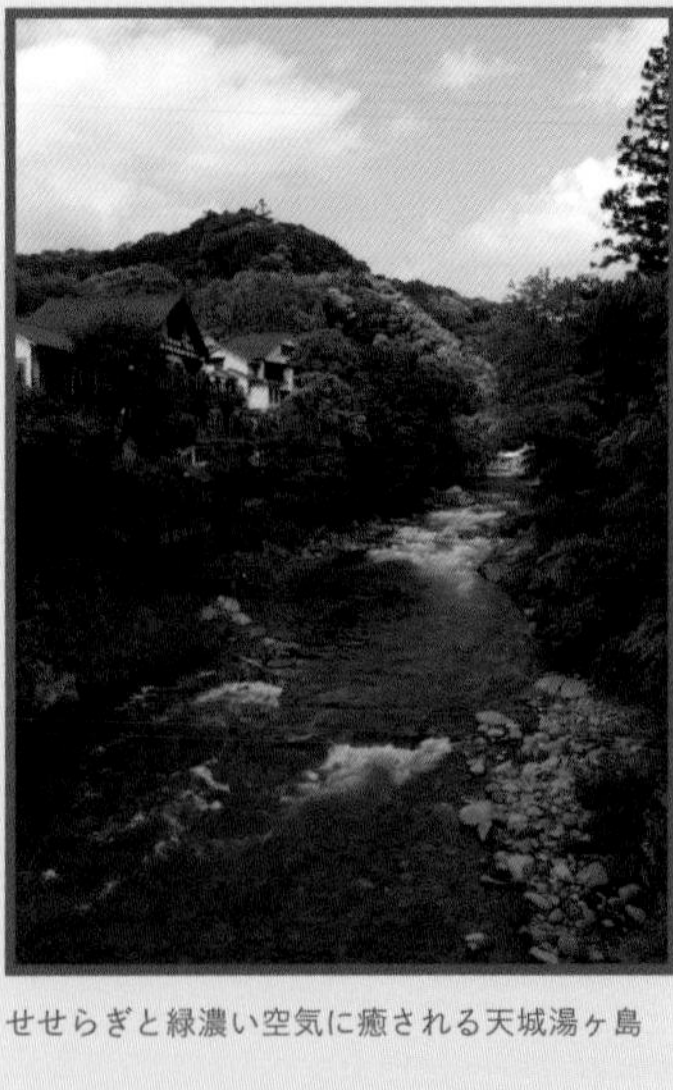

せせらぎと緑濃い空気に癒される天城湯ヶ島

天城峠を越えていけ COLUMN

ました。この物語は川端文学の初期の傑作であり、これまで6度も映画化された作品です。

　この川端に真っ向から勝負を挑んでいる作品が1959年に発表された松本清張「天城越え（天城こえ）」です。下田生まれの家出少年が、着物姿の娼婦と素性のわからない流れ者と出会い、天城峠を越えていきます。そしてこの出会いが、ある事件を引き起こすのでした。川端作品が初恋を描いているのに対し、清張作品では母親の裏切りに傷ついた少年の娼婦への想いと絶望、娼婦と流れ者の情事、未解決事件に挑む刑事など、天城を舞台に葛藤が描かれていきます。

　島崎藤村もこの天城を越えた作家の一人です。彼は田山花袋らと伊豆を旅します。その様子を記したのが1909年に発表された「伊豆の旅」でした。すれ違う人もなく天城の山中を進んでいく藤村一行は寒さで口数が少なくなっていきます。天城峠に差し掛かったところで、氷を作る男たちを見かけました。そうこうしていると、峠の小屋にたどり着きます。そこには、よく喋る小屋のおばあさんがいて、氷を作っているのが自分の旦那だと言っています。

　実は、この夫婦は川端作品にも登場します。伊豆の踊子の冒頭、峠の茶屋で学生さんが老夫に出会います。この時の老夫は氷作りを引退し、中風を患って全身不随になっていました。天城で暮らす夫婦が文学の中で生き続けているのも、作家たちを魅了した伊豆文学の楽しみ方の一つでしょう。島崎藤村、川端康成、松本清張と天城峠をめぐる男たちの熱い思いは、歌謡曲「天城越え」に引き継がれていきました。次にこの天城峠を越えていくのは誰なのでしょうか。

文人達に愛された湯道

写真提供：© 小澤義人

コラム・食

伊豆のわさび田

文・新名阿津子（伊豆半島ジオパーク専任研究員）

伊豆のわさびは瑞々しい香りとツーンとくるわさび独特の辛味に加え、最後にほのかな甘味が舌先に残ります。天城の谷あいを行くと、湧き水のせせらぎとともに、青々としたわさびの葉っぱやそよ風に揺れるヤマハンノキが目に飛び込んできます。わさびはアブラナ科の植物であり、日本固有の香辛料です。低温や高温が苦手で、年間の水温差も大きくない環境を好む繊細な植物でもあります。天城の谷あいは、この繊細なわさびが成長しやすい自然条件を揃えていました。

安倍川上流の有東木で始まったわさび栽培が伊豆へやってきたのは、今から約300年前のことです。しいたけ栽培の指導に出向いた伊豆の板垣勘四郎がそのお礼としてわさびの苗をもらい、それを湯ヶ島（伊豆市）へと持ち帰ったのが始まりといわれています。伊豆で生産されたわさびは「天城わさび」として、伊東から江戸へと出荷されるようになりました。1800年代初頭には江戸で押し寿司や握り寿司にわさびが使われるようになり、現代に続く和食文化が花開いていきました。

一方で、当時のワサビ農家は「ヌク」といわれるドロがわさびを腐らせてしまうことに頭を痛めていました。それを解決しようと立ち上がったのが、上大見村（現在の伊豆市）の石工、平井熊太郎です。熊太郎は各地のわさび栽培の方法を見て回りました。そして、家の近くでわさび田の改良に取り組み、得意の石垣を組んだ畳石式わさび田を考案しました。

畳石式わさび田は下から大中小の石を組み上げていき、一番表面には砂礫を敷きます。そこに天城山の豊富な湧水を24時間365日かけ流すことによって、ドロの付着を防止し、不純物を濾過させるとともに、水温を安定させ、酸素や栄養分を供給します。水は山の傾斜を利用して作られた棚田を上から下へと流れていきます。肥料も農薬もほとんどつかわないので、環境負荷が極めて低い農業であり、わさび田では高い生物多様性も確認されていま

伊豆のわさび田 COLUMN

水に強いヤマハンノキは美しい景観と共に、わさび田に日陰を作り出しています

す。

この豊富な水はどこからやってくるのでしょうか。その答えは天城にあります。天城は特に雨が多い地域で、その降水量は年間４０００ｍｍ近くにもなります。黒潮がもたらす水蒸気をたくさん含んだ空気が、山にぶつかって上昇気流となり天城にたくさんの雨が降ります。この雨は十数万年前に噴火してできた天城の山々に染み込んでいき、古い地層との境目にあたる山裾から湧き出てきます。その水温はこの土地の平均気温である14度前後に保たれており、水温一定の多量の水がワサビ栽培に利用されているのです。

畳石式のわさび田

このワサビ栽培は、「静岡水ワサビの伝統栽培」として２０１８年、世界農業遺産に認定されました。ただし、わさびを栽培する環境は非常に繊細な環境ですので、観光によって壊すことがないように、敬意と注意をはらいましょう。

おいしいわさびは地域の人たちの丁寧な仕事で成り立っています

コラム・ジオ

災害の記憶を知る・つなぐ

　伊豆半島には美しい自然景観や温泉、海産物など、たくさんの自然の恵みがあります。これらの上に人々の暮らしが成り立ち、旅行者も多く訪れる場所になりました。こうした恵みは、姿を変え続けていく自然の営みの一部分といえます。火山の噴出物は、がさがさした火山礫だったり亀裂の多い溶岩だったりするため、たくさんの地下水を蓄えることができます。火山の熱は地下水を温めて温泉を作りだしたり、岩石の性質を変化させて金などの鉱床を作ったりしています。プレートが沈み込む駿河湾や相模灘は日本有数の深い湾で、多くの海の生き物を育んでいます。複雑な地殻変動は、変化に富んだ多様な海岸線を作り出しています。豊かな恵みは、激しい自然現象によってもたらされているのです。

　よく考えると、こうした自然現象は、自然災害の原因であるともいえます。つまり、どんなに激しい自然現象があったとしても、そこに人がいなければ自然災害にはなりません。ですので私たちは、地域に恵みをもたらす自然現象のことをよく知って、普段はその恵みを十分に受け取りながら、災害にもきちんと備えることができる知恵や工夫を積み重ねて暮らしていくことが大切なのです。このことは伊豆だけ

稲取火山の地層

伊豆東部火山群のひとつで約１万 9000 年前に噴火した稲取火山の地層。大きな火山弾が地層の中に含まれています

災害の記憶を知る・つなぐ COLUMN

でなく、日本のように活発な地殻変動や火山活動が起こる変動帯に住むみなさんが知っておいた方が良いお作法でもあります。

ジオパークで解説されている風景や地層の成り立ちは、自然を楽しむだけでなく、風景などの中から自然災害の原因を読み解くためのヒントにもなります。噴火口から数km離れた地層の中に大きな火山弾が入っていることがあります。海岸で見られる階段状の地形（海岸段丘）は繰り返し起こった地震による隆起の証拠です。大きな川の周りには、川が氾濫してできた平地が広がっています。火山噴火も地震も洪水も、体験する機会は多くありません。それゆえに、自分が住んでいる場所や学校・職場などがどういう成り立ちでできた土地なのかよく見て知って、どのような自然災害が起こりうるか実感しておくことが大切です。

かつて起こった自然災害で残された自然物や建物、記録などの災害遺構も、自然災害の記憶を私たちに伝えてくれています。丹那断層の「ずれ」をそのまま保存する、津波の遡上高を石段に記録する（伊東市の海蔵寺など）、津波で流されてきた船がぶつかってできた建物の傷を修復せずに残す（下田市の了仙寺）、かつてあった災害を石碑に記す（伊豆各地に多数あり）など、さまざまな形で災害遺構が残されています。本書やお住まいのまちの郷土資料などを参考に、私たちの先輩が伝えようとしてくれている事に耳を傾けてみましょう。

小下田三島神社（伊豆市）

集落から参道を「下って」参拝する神社。この神社はもともと集落の上にありました。1498年の明応地震による津波をきっかけに集落が高台移転したため、通常とは逆になりました

土肥の波尻観音（伊豆市）

1855年の安政地震による津波がこの地点まで到達したとの伝承があります。現在の海岸から500m以上内陸に祀られています

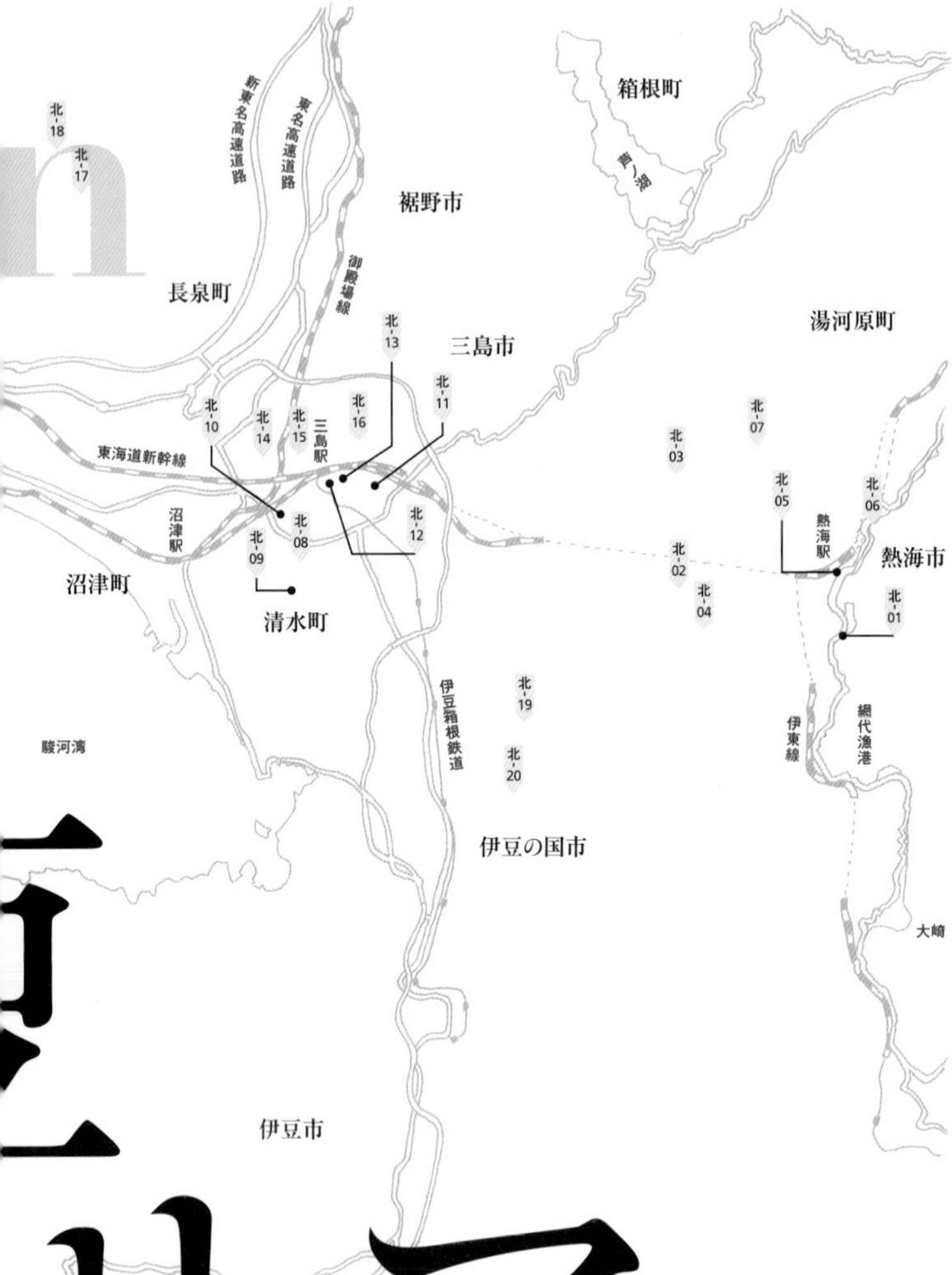
箱根町
芦ノ湖
新東名高速道路
東名高速道路
裾野市
御殿場線
長泉町
三島市
湯河原町
三島駅
東海道新幹線
沼津駅
沼津町
清水町
熱海駅
熱海市
伊豆箱根鉄道
伊東線
網代漁港
駿河湾
伊豆の国市
大崎
伊豆市
北-01
北-02
北-03
北-04
北-05
北-06
北-07
北-08
北-09
北-10
北-11
北-12
北-13
北-14
北-15
北-16
北-17
北-18
北-19
北-20

リア

Northern Area of IZU Peninsula

北伊豆エリア

富士山の恵みに育まれた北伊豆エリア。
温泉街や湧水めぐりなどの街歩きを楽しんだり、
富士山が見えるトレッキングなどもお勧めです。
また丹那盆地の「断層公園」では、
北伊豆地震の時の断層のずれを保存しており、
盆地の地形そのものが見どころの一つになっています。

北-01

【錦ヶ浦】

／にしきがうら

基本情報

⚠がけ下へアクセスする遊歩道等はありません。錦ヶ浦の展望台や、熱海港からの遊覧船などで見学しましょう

アクセス／(公)JR熱海駅「遊〜湯〜バス」0番乗り場より、「錦ヶ浦」下車

魚見崎の断崖では、陸上大型火山のひとつである多賀火山の活動初期の噴出物を見ることができます。それらは、海底に流れた溶岩と、水とマグマが触れあって生じた爆発的噴火（水蒸気マグマ噴火）によって生じた地層です。このことから、陸上の噴出物が大部分を占める多賀火山も、その生い立ちは浅い海底から始まったことがわかります。魚見崎の溶岩には陸上を流れ、空気に触れて赤く焼けた部分も混ざっているため、当時の陸地がそう遠くない場所にあったこともわかります。海岸の崖下には波食台・波食窪や、波がうがった海食洞も見られます。錦ヶ浦の崖の一部では、水中に流れ込んだ溶岩がパリパリと砕けてできた水冷破砕溶岩が見られます。溶岩が水で急激に冷やされてパリパリ割れる様子は、熱いお湯を入れておいたコップを冷たい水につけた時に割れてしまう様子に似ています。火山の噴火が水の中（ここでは海の中）で起こったということを示します。

北-02

【丹那断層公園】

／たんなだんそうこうえん

基本情報

♥車で5分ほどの場所にある酪農王国オラッチェで丹那の酪農製品を楽しめます　**アクセス**／㊋JR函南駅・JR熱海駅・伊豆箱根鉄道大場駅よりタクシー20分　㊍東名沼津ICより40分　㊟マイクロバス程度であれば駐車可能

丹那《たんな》断層公園では、1930年に起きた北伊豆地震の際に生じた断層のずれが保存されています。左横ずれ断層の活動により、当時の水路が断層に沿って2m程度ずれてしまっている様子がよくわかります。また、地層のずれを観察できる観察施設もあります。地震の痕跡を保存することは、地震の記憶を風化させないための工夫のひとつです。北伊豆地震の痕跡を保存した場所として、火雷《からい》神社や地震動の擦痕《さっこん》などもあります。

北-03

【火雷神社】

／からいじんじゃ

基本情報

アクセス／㊋JR函南駅からタクシーで15分　㊟東名沼津ICより60分

北伊豆地震の際に生じた地震断層である丹那断層によって、神社の石段と鳥居の間に約1mの横ずれが生じました。神社境内に生じたこの「ずれ」は町の天然記念物として保存され、現在も観察できます。また、タブノキ・カエデ・ヒノキ・オガタマノキ等からなる神社の森も町の天然記念物に指定されています。特に静岡県内第2位の巨木ともいわれるタブノキは見事です。

北-04

【伊豆スカイライン西丹那駐車場】

／いずスカイライン にしたんなちゅうしゃじょう

基本情報

⚠有料道路（伊豆スカイライン）上の駐車場が観察ポイントです。車は駐車場（西丹那駐車場）に停めて、道路上に出ないようにしてください **アクセス**／(車)伊豆スカイライン「熱海峠IC」より車で約10分 (駐)伊豆スカイライン「西丹那」駐車場利用

眼下に見える丹那盆地から田代盆地へ続く直線的な谷に沿って丹那断層が延びています。伊豆スカイラインから丹那盆地に緩やかに下る多賀火山の斜面は、丹那断層の位置で一度持ち上げられ、再び緩やかに下っている様子がわかります。直線的な谷は、箱根火山付近までのび、そこから先は見えなくなっていて、箱根火山噴出物の下に隠されていると考えられています。天気のよい日には伊豆と本州の衝突で隆起した南アルプスや丹沢山地、新しい火山である富士山や愛鷹山も遠望できます。

北-05

【熱海市街】

／あたみしがい

基本情報

アクセス／(公)JR熱海駅下車すぐ

　熱海は、多賀火山（大型陸上火山のひとつ）の山体の東側半分が浸食されてできた、険しい地形の上に築かれた都市です。

　市内各所に湧く豊富な温泉は古くから人々に愛されてきました。かつての源泉は熱海七湯とも呼ばれていました。温泉街の風情を楽しみながら七湯を巡るのも楽しいでしょう。

北-06

【走り湯】

／はしりゆ

基本情報

⚠横穴の源泉内部に入ることができますが高温のお湯が湧いていますのでやけどなどにご注意ください。メガネの人はメガネが曇ります　**アクセス**／(公)JR熱海駅より湯河原方面行きバスで5分、逢初橋バス停下車、徒歩10分　(車)駐車スペースもなく、路上駐車もできません。熱海駅付近に駐車して路線バスを使うのがおすすめ

「走り湯」は日本でも珍しい横穴式源泉です。今から約1300年前に発見され、山中から湧き出した湯が海岸に飛ぶように走り落ちる様から「走り湯」と名付けられました。走り湯から837段の階段を上ると、伊豆山神社の本殿に至ります。

北-07

【十国峠展望台】

／じっこくとうげてんぼうだい

基本情報

アクセス／(公)JR熱海駅よりバス箱根方面行きで40分、十国峠登り口バス停下車、徒歩すぐ　(車)東名高速道路御殿場ICから乙女峠、箱根湖尻経由で60分。新東名高速道路 長泉・沼津ICまたは東名高速道路 沼津ICから伊豆縦貫自動車道～国道1号線～箱根峠経由で45分

十国峠は伊豆と本州の衝突以降にできた湯河原火山という古い火山の一部です。伊豆・相模・駿河・遠江・甲斐・安房・上総・下総・武蔵・信濃の十国を見渡せることが名前の由来。その名が示す通り眺めのよい峠からは、10の「国」だけでなく、地球の表面を覆う「プレート」のうち、4つのプレートも見渡すことができます（太平洋プレートは海の底ですが……）。遠く伊豆諸島の島々も見え、伊豆半島の成り立ちを物語るさまざまな地形を一望できます。標高765mの峠へはケーブルカーを使って登ることができます。

北-08

【柿田川】

／かきたがわ

柿田川の湧水池は柿田川公園として整備されています。約1万年前の富士山の噴火で流れ出した三島溶岩は、愛鷹山と箱根に挟まれた谷を流れ下り、柿田川付近にまで達しました。亀裂やすき間の多い溶岩流の中を流れてきた地下水は、清水町〜三島市の広い範囲に豊かな湧水群を形成しています。柿田川はこの湧水群の中でももっとも規模の大きな湧水で、公園内のいたるところで湧水の湧き口「湧き間」を観察できます。豊富な湧水は、周辺地域の飲料水としても利用されています。また、水辺ではミシマバイカモやさまざまなトンボなどの貴重な生態系も観察できます。「湧き間」をよく見ると、白い小石が湧き間に踊っている様子がわかります。この白い小石は、約3200年前のカワゴ平（伊豆市）噴火の軽石で、地下にたまっていた軽石が地下水とともに巻き上げられているのです。

基本情報

♥清水町観光協会のサイトでは、動植物などを豊富に紹介しています。観光省名水百選「柿田川湧水群」 **アクセス**／(公)JR三島駅南口より沼商・藤井原（サントムーン経由）行きバスで柿田川湧水公園前バス停下車 (車)東名高速道路沼津ICより15分 (駐)有料

北-09

【本城山】

／ほんじょうやま

基本情報

♥ハイキングコースは本城山公園（外部サイト）の一部として整備されています　**アクセス**／(公)JR沼津駅南口より大平行きまたは沼商行き、または中徳倉循環バスで水神道バス停下車、徒歩10分　(車)東名沼津ICまたは新東名長泉沼津ICより25分　(駐)本城山公園　北駐車場20台　東駐車場4台（無料）

本城山は柿田川と狩野川の合流点の南側に位置する山で、伊豆半島が海底火山だったころの名残です。地層そのものはあまり観察できませんが、標高76ｍの山頂には展望台が設置され、伊豆と本州の衝突に伴う大地形や、三島～柿田川の湧水群を作り出した扇状地、そこにできた街の景観を一望できます。戦国時代には川に囲まれた高台という地形を生かした戸倉城が築かれていました。また、山の麓にある狩野川の段丘面上では矢崎遺跡（弥生時代）が発掘されており、展望が良く河川の合流点にもあたるこの地が、古くから重要な場所であったことがうかがえます。

北-10

【窪の湧水】

／くぼのゆうすい

基本情報

アクセス／㋮JR三島駅より大岡～沼津駅行きバスで12分竹原バス停下車、徒歩5分 ㊟新東名長泉沼津ICから10分

窪《くぼ》の湧水は黄瀬川の扇状地内に形成された段丘崖下からの湧水地です。湧水の横には、高さ10mほどの崖（段丘崖）があります。この急な坂を下ると現れるこの遊水地を、地元では「窪」と呼んでいるそうです。窪の湧水の西側にある黄瀬川は扇状地を作りながら何度も流れを変えてきました。川はかつてこの付近を流れていたこともあり、周囲の大地を削りながら、この崖を作りました。黄瀬川が削ったこの崖では、約2900年前に発生した富士山の大崩壊に伴う泥流（御殿場泥流）や、その後の川の流れが運んできた土砂が観察できます。こうした土砂の地層のうち、地下水を通しやすい部分がこの湧水をもたらしているようです。湧水周辺では照葉樹の林や水辺を求める鳥たちも見られます。

地下水脈や温泉脈は、地震などに伴い変化することがあります。この湧水も1854年の安政東海地震の際に湧き出したと古文書に記されています。深く削られた崖では、地下水が地表に出やすい状態になっていたと考えられています。

北-11

【三嶋大社】

／みしまたいしゃ

基本情報

アクセス／(公)JR東海道新幹線、東海道線三島駅より徒歩15分　伊豆箱根鉄道三島田町駅から徒歩7分　(車)新東名高速道路長泉沼津ICより20分　(駐)有料

伊豆一宮、三嶋大社は、古くより三島の地に御鎮座し奈良・平安時代の古書にも記録が残され、社名・神社名の「三嶋」は地名の由来ともなっています。三嶋大社は約2900年前に発生した富士山の大崩壊に伴う土石流堆積物の上に位置しています。大鳥居から境内に入ってすぐ右手に置かれている「たたり石」もこの土石流によって運ばれてきた大石です。

三嶋大社の祭神である三島大明神（大山祇命《おおやまつみのみこと》）は、伊豆半島や周辺地域の火山とゆかりのある神様です。伊豆七島などではそれぞれの島に三島大明神の后神（妻）や御子神（子）が祀《まつ》られています。また、三島大明神（大山祇命）の娘、木花咲耶姫《このはなさくやひめ》は、富士山に対する信仰の神社である各地の浅間神社《せんげんじんじゃ》に祀られています。三嶋大社から桜川に沿って歩いた先にある浅間神社もまた木花咲耶姫を祀る神社です。富士山や箱根山、伊豆諸島などの火山活動が活発なこの地で、大きな噴火のたびに神格を高めてきた三島大明神や、その后神や御子神たちが祀られた神社が多いということは、人々が大地の恵みを受けつつ、畏れをもって自然と向き合ってきた証と言えるでしょう。境内の森やキンモクセイ、大楠も見どころです。平成12年には、御本殿が重要文化財に指定され文化的価値の高さも認識されています。

北-12

【楽寿園・源兵衛川】

／らくじゅえん・げんべいがわ

基本情報

⚠源兵衛川沿いには水辺の遊歩道が整備されています。足場が狭いところもありますので、川に落ちないよう気を付けてください

アクセス／㊣JR三島駅より徒歩1分（楽寿園）㊢新東名長泉沼津ICから20分 ㊟楽寿園専用駐車場（有料）

約1万年前の富士山の噴火で流れ出した三島溶岩は、愛鷹山と箱根に挟まれた谷を流れ下り、三島駅周辺をはじめ、伊豆半島北部地域の大地を作りだしました。亀裂やすき間の多い溶岩流の中を流れてきた地下水は、三島市街地のあちこちに湧き出しています。楽寿園《らくじゅえん》（国指定天然記念物・名勝）内の小浜《こはま》池や白滝公園、菰《こも》池やなどに湧き出す豊富な湧水は、源兵衛川に代表される小川の多い独特な街並みの景観と文化を築いてきました。楽寿園内では、三島溶岩があちこちに露出し、遠く富士山から流れてきた溶岩の荒々しい姿を目の当たりにすることができます。溶岩の表面にできた「縄状溶岩」や「溶岩塚」、それら溶岩の上にたくましく育つ木々も見どころです。

楽寿園内に湧き出した水は、蓮沼川（宮さんの川）と源兵衛川の2つの灌漑水路から流れ出し、三島や清水町の農業用水としても用いられています。市街地を流れる源兵衛川には遊歩道も整備され、訪れる人々の憩いの場になっています。源兵衛川の水は冷たいため、1・5㎞ほどの距離を経て、中郷温水池で温められた後に農業用水として分配されていきます。

北-13

【菰池・白滝公園】

／こもいけ・しらたきこうえん

基本情報

⚠白滝公園では、足元に溶岩が露出しています。滑りやすくなっているところや歩きにくいところがありますので、ご注意ください　**アクセス**／㊫JR三島駅より徒歩5分　㊡新東名長泉沼津ICより20分　㊟付近に市営駐車場あり

約1万年前の富士山の噴火で流れ出した三島溶岩は、愛鷹山と箱根に挟まれた谷を流れ下り、三島駅周辺をはじめ、伊豆半島北部地域の大地を作りだしました。

この溶岩流のすき間を流れてきた地下水は、溶岩流の末端にあたる菰《こも》池や白滝公園など、三島市街地のあちこちで湧き出し、源兵衛川や桜川といった小川の多い独特な街並みの景観と文化を築いてきました。菰池と白滝公園は、桜川の源流にあたります。

桜川は、この湧水を農業などに利用するために作られた灌漑水路で、もともとは白滝公園から南に流れる御殿川を流れていました。

白滝公園では、溶岩の表面にできた小さな地形や、溶岩のすき間から流れ出す湧水の様子を観察することができます（冬季は水位が下がっているため湧水量は少なくなっています）。

北-14

【鮎壺の滝】

／あゆつぼのたき

基本情報

⚠滝のそばに降りる遊歩道は整備されていません。溶岩樹形を観察する場合は滑りやすい岩の上を歩く必要があります。十分に注意してください

アクセス／(公)JR御殿場線下土狩駅より徒歩10分 (車)新東名長泉沼津ICより10分 (駐)「鮎壺広場駐車場」普通車5台。（県道87号線沿い）または、下土狩駅の長泉町営駐車場から徒歩

黄瀬川にかかる鮎壺の滝（県指定天然記念物）には、何枚かの溶岩が積み重なった厚さ10mほどの岩盤が見られます。これは、およそ1万年前に富士山から流れてきた溶岩流（三島溶岩）です。溶岩の下にあったやわらかいローム層（風に舞った火山灰や大気中のほこりが積もった地層）が黄瀬川の流れによって削られ、残された硬い溶岩の部分が滝を作り出したのです。岩盤の底には、かつてそこに生育していた樹木が立ったまま焼かれたことを示す溶岩樹型の丸い穴（溶岩樹型）も複数見られます。滝の周囲は公園として整備され、つり橋からは滝と富士山を正面に見ることができます。滝の東側の市街地にある割狐塚稲荷神社の境内には、三島溶岩の表面にできた溶岩塚が保存されています。溶岩塚は、溶岩が流れる際に、先に冷え固まった部分が横から押された結果、割れて盛り上がってできたものです。

北-15

【割狐塚稲荷神社】

／わりこづかいなりじんじゃ

基本情報

アクセス／㊒JR御殿場線下土狩駅から徒歩8分 ㊗新東名長泉沼津ICより7分

三島溶岩の溶岩塚とその地形を利用した稲荷神社。稲荷神社の建っている小さな丘には、ごつごつした岩の割れ目に沿ってたくさんの赤い鳥居が置かれています。この岩は約1万年前に富士山から流れてきた溶岩で、神社はこの溶岩にできた「溶岩塚」の上に建っています。

流れる溶岩は1000℃を超える高温ですが、その表面と底は冷たい空気や地面に触れて、すぐに冷え固まってしまいます。溶岩の表面が固まってしまっても、内部はまだ高温で、行き場を失った内部の溶岩が、表面の「固まった溶岩」を持ち上げて小さな丘のような地形を作ることがあります。これを「溶岩塚」と呼びます。

溶岩の表面が「ふくらんで」できた溶岩塚は、その表面にたくさんの亀裂ができます。お餅やカルメ焼きが膨らむときに、表面に亀裂ができる様子に良く似ています。鳥居がたちならぶ岩の亀裂は、このようにしてできました。御神域にあたるこの亀裂には、むかし老狐が住みつき夜になると出没したともいわれています。

北-16

【鮎止めの滝】

／あゆどめのたき

基本情報

♥滝は上岩崎公園の滝見台から見学できます　**アクセス**／㊣JR三島駅から徒歩25分　㊥新東名長泉沼津ICより15分　㊟上岩崎公園の駐車場。バスは駐車できません

大場川にかかる鮎止めの滝では、何枚もの薄い溶岩が積み重なっている様子が見られます。この溶岩は、およそ1万年前に富士山から流れてきた溶岩流(三島溶岩)です。溶岩の下にあった比較的やわらかい堆積物が川の流れによって削られ、残された硬い溶岩の部分が滝を作り出しました。三島溶岩は、楽寿園や白滝公園など、三島市街地のあちこちで見られます。鮎止めの滝は、三島溶岩の東側のへりに、西側のへりは鮎壺の滝です。

北-17

【愛鷹水神社】
／あしたかすいじんしゃ

基本情報

アクセス／㊣JR御殿場線下土狩駅よりバスで30分、桃沢野外活動センター下車徒歩40分　㊢東名沼津ICより20分

㊟あり（数台）

水神社《すいじんしゃ》は桃沢川の源流にあたる水源地で、水源を祀る水神社が座しています。つるべ落しの滝へ向かうハイキングコースの起点でもあります。桃沢川の源流は境内に露出した愛鷹山の溶岩の上を流れていきます。神社周辺の林道や道路わきでは、溶岩流のなかにできた板状節理なども観察できます。

写真提供：© 高橋秀樹

北-18

【つるべ落としの滝】

／つるべおとしのたき

基本情報

⚠ハイキングコースが整備されていますが、愛鷹水神社から約1時間の山道です。歩きやすい服装で入ってください。コース沿いには板状節理の発達した愛鷹山の溶岩があちこちで見られます。節理がはがれて落石する場合もありますので、落石にも十分注意してください　**アクセス**／(公)JR御殿場線下土狩駅よりバスで30分、桃沢野外活動センター下車徒歩40分で愛鷹水神社に到着、そこから登山開始　(車)東名沼津ICより20分そこから登山開始

愛鷹山《あしたかやま》は約10万年前まで噴火を繰り返していた少し古い火山です。噴火を終えてから10万年以上の年月が経っており、山体には深い谷がいくつもあります。つるべ落しの滝がある桃沢川もそうした火山に刻まれた谷の一つで、愛鷹山が火山であったことを示すさまざまな証拠が見つかります。この滝は、板状節理《ばんじょうせつり》の発達した溶岩にかかっています。溶岩が冷え固まるときにできた板状の割れ目が見どころです。

つるべ落しの滝に至る登山道では、同様の板状節理や、溶岩の上面を渓流がうがった滑沢（千じょう岩）など、安山岩質の厚い溶岩流がつくる地形や構造を楽しむことができます。滝から位牌岳に向かう登山道では、美しいブナの森も楽しむことができます。

※愛鷹山のブナ林は太平洋側では貴重な森です。登山道を外れたり採取したりせずに歩きましょう。

北-19

【滝山不動の滝】

／たきやまふどうのたき

基本情報

⚠滝山不動の本堂から滝のある奥の院までは巨岩が積み重なる道です。歩きやすい服装が必要です　**アクセス**／(公)新東名長泉沼津ICより40分　(駐)富士見パークウェイわきに数台程度車を止められる場所があります。駐車場には「伊豆滝山不動」の看板があり、そこから徒歩で滝に向かいます

多賀火山の溶岩の端にかかる滝です。普段は水量の少ない小さな滝ですが、大きな溶岩の崖を水が流れ落ちる様子や、長い年月をかけて崩れ落ちた巨岩が積み重なる様子は迫力があります。

「多賀火山」はおよそ30万年前まで噴火を繰り返していた火山で、噴火を終えた後に雨風に削られてはっきりとした形は残っていませんが、現在の熱海市多賀付近がこの火山の中心だったと考えられており、「多賀火山」の名前がついています。この滝は、多賀からここ韮山まで広がっていた大きな火山の姿を物語っています。

滝のすぐそばには滝山不動の奥の院があります。この場所は、文覚上人が源頼朝に平家を打倒して源氏を再興するための挙兵を勧めた場所と伝えられていることから、滝山不動は旗挙不動とも呼ばれています。

北-20

【韮山反射炉】

／にらやまはんしゃろ

基本情報

アクセス／(公)伊豆箱根鉄道伊豆長岡駅より徒歩25分、または観光周遊バス「歴バスのる〜ら」（土日祝日・平日は指定日に運行）利用で10分　(車)東名長泉沼津インターより35分

江戸時代末期、日本の近海には外国船が多く現れるようになり、幕府は軍事力の強化と海防の必要性を問われるようになりました。嘉永6年（1853年）のペリー来航によって、いよいよその脅威を間近に感じるようになった幕府は、蘭学に通じ、かねてより海防対策を進言していた韮山代官江川太郎左衛門英龍（坦庵）に、反射炉の建造を命じます。反射炉は、せんてつ銑鉄（砂鉄や鉄鉱石から作られた粗製の鉄）を溶かして優良な鉄を生産するための炉で、溶かした鉄で大砲などを製作するために必要なものだったのです。当初の建設予定地は下田港に近い場所でしたが、基礎工事が始まってほどなく、ペリー艦隊の水兵が建設敷地内に侵入するという事件が起こり、建設地は急遽、韮山代官所に近かった現在の伊豆の国市に移転されます。こうして現在の場所に建設されることになった反射炉ですが、蘭書を参考にしたとはいえ、開発は困難を極め、江川英龍は韮山反射炉の竣工を待たずに病死してしまいます。その後息子の英敏が佐賀藩の協力を得て、着工から3年半をかけてようやく完成させました。韮山反射炉は、炉体の一部に石積みされた伊豆石が使われ、1700℃の高温に耐えられる耐火煉瓦の原料に河津町の白土が使われていると考えられています。反射炉の製造技術は幕末から開国に向かう日本にとって技術革新の象徴的なものでした。実際に稼働した反射炉として世界で唯一現存する韮山反射炉は、平成27年7月、「明治日本の産業革命遺産」として、世界文化遺産の構成資産のひとつとして登録されており、伊豆半島ジオパークの文化サイトにも指定されてます。

コラム・食

伊豆の果実

文・新名阿津子
（伊豆半島ジオパーク専任研究員）

伊豆ではみかん、スイカ、イチゴ、メロン、ビワといった果物を季節ごとに楽しむことができます。（農林水産省の定義からいえば、イチゴ、スイカ、メロンは果物的野菜のカテゴリーに分類される野菜なので、一口に果物と呼ぶのも誤解があるかもしれませんが、ここでは果物としましょう）。伊豆半島の各地で生産される果物は、それぞれの土地の特徴を反映しています。

伊豆半島を旅していると庭先で黄色い実を付けた柑橘類を育てているお宅をよく見かけます。また山の斜面にはみかんの段々畑が広がっており、「み

温暖な伊豆の国市小坂のみかん畑

写真提供：伊豆の国市観光課

希少価値の高い白ビワ

写真提供：
（一社）伊豆市産業振興協議会

かんのはながさいている♪」と童謡「みかんの花咲く丘」の一節を歌いだしたくなります。ちなみに、この童謡は第2次世界大戦直後の１９４６年に伊東で誕生したものです。

　みかんを始めとする柑橘類は年間平均気温15度以上の温暖な気候と、冬季に霜害とならないために－4度を下回らない気温が必要で、水はけがよく日射量のある土地を好みます。温暖で山がちな伊豆半島にもってこいの果樹で、普通みかんから早生種、ハウスみかんまで、年間を通じて様々な柑橘類が生産されています。沼津市内浦、西浦、静浦で生産される「寿太郎みかん」は、山田寿太郎さんによって青島温州の変異枝が発見されたことから始まります。１００年以上の歴史を持つ松崎の三余農園ではオリジナルの品種である栄久ポンカンの栽培が引き継がれています。10月になると伊豆の国市の小坂みかん共同農園はみかん狩りを楽しむ人で賑わいます。

　夏になると無性にかぶりつきたくなるのがスイカです。函南町平井・大竹地区で生産されるスイカは、「○平函南西瓜《まるひらかんなみすいか》」と名付けられ、とても甘くシャリシャリとした食感が特徴です。スイカは気温が高く、水はけの良い土壌の日当たりの良い場所でよく育ちます。函南町平井・大竹地区は箱根火山が噴火した際に降り積もった火山灰土壌で、水はけもよく、気候も温暖で昼夜の寒暖差もあり、大きくて甘いスイカを作るには適した土地です。ここではハウス栽培やトンネル栽培で生産され、出荷の際には一玉一玉、糖度検査が行われます。そして、糖度11度以上のスイカだけが出荷され、食卓へと届けられます。

　市場に出回らない果物といえば、伊豆市土肥の白ビワです。5月下旬から6月上旬の約2週間が食べごろの白ビワは、オレンジ色のビワよりも糖度が高く、華やかな香りが特徴ですが、旬が短く痛みやすいので出荷範囲が限られてしまうことから「幻のビワ」といわれています。この白ビワは１８７７年、当時の静岡県令が中国を旅した友人から譲り受けたびわの種を県下13郡に配布したことに始まります。栽培に成功した当時の土肥村の村長が村人に苗木を配り、土肥でのビワ生産を始めました。多いときで２００戸もの農家が生産するまでになりましたが、現在は土肥地区の一部地域で生産されるだけとなりました。

コラム・観光

北伊豆地震をめぐる旅

文・新名阿津子（伊豆半島ジオパーク専任研究員）

1930年11月26日早朝、伊豆地方を直下型地震である北伊豆地震が襲いました。三島で最大震度6が観測され、半島北部の山間部では山崩れやがけ崩れが発生し、狩野川沿いでは多数の家屋が倒壊しました。この地震による死者・行方不明者は272名、負傷者は572名と甚大なものでした。

地震発生直後から多数の研究者たちが伊豆半島に入って調査を行いました。というのも、この頃はまだ地震についての調査が十分に行われていない時代だったので、この地震を科学的に解明しようとたくさんの研究者が調査にやってきたのでした。その結果、箱根山南麓から伊豆市修善寺までの約32kmにも及ぶ北伊豆断層帯が確認されました。丹那断層はその時に出現した断層の中で最も大きなもので、場所によっては2m以上ものずれが見られます。地震によってずれた水路やゴミ捨場、石垣は国の天然記念物に指定され、現在、丹那断層公園として整備されています。

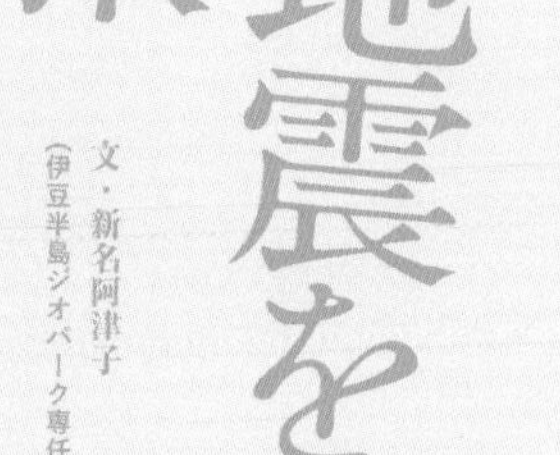

丹那断層公園

また当時は丹那トンネルの工事をしていた時期でもありました。この地震によって工事中のトンネル内にあった水抜き抗が切断されました。通常であればトンネルは真っ直ぐ掘るのですが、この地震で生じたずれを解消するため

に中央部でゆるいＳ字カーブを取ることとなりました。

この北伊豆地震によって発生した断層のずれを調査することによって横ずれ活断層が解明されました。また、１９８０年代に行われた東京大学地震研究所のトレンチ調査によって、この断層が７００年から１０００年に一度、定期的に活動する断層であることも解明されました。このように、この丹那断層は活断層研究の新時代を切り開く重要な調査地となったのです。

国の天然記念物「地震動の擦痕」

この北伊豆地震の激しい揺れを記録したものがあります。それは国の天然記念物にも指定されている「地震動の擦痕」です。この擦痕は当時、旧江間尋常小学校校庭に置かれていた魚雷が地震発生とともに滑り、台座がその側面を引っかいてできた傷で、天然の地震計のようになっています。現在は江間小学校跡地に整備された公園の片隅にある建屋の中で保存展示されています。

田代盆地にある火雷神社では地震によって鳥居と石段の間に１ｍほど横ずれが生じました。この時のずれと倒壊した鳥居は地元集落の人の手により、そのままの状態で保存されています。またここでは来訪者用のノートがあり、そこには国内外の地震学者をはじめとする研究者たちからのメッセージが記されていました。ここが活断層や過去の地雷を学ぶ重要な場所になっている様子が伺えます。

緑が美しい丹那盆地の風景

丹那断層公園、丹那トンネル、地震動の擦痕、火雷神社など伊豆半島では１９３０年に発生した北伊豆地震の記憶と記録をとどめています。この北伊豆地震をめぐる旅は、地球のダイナミズムとここで暮らす人々の記憶をたどる旅となることでしょう。

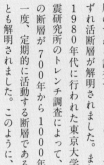

コラム・ジオ

「丹那断層」大地のずれが教えてくれたこと

文・朝日克彦
（伊豆半島ジオパーク専任研究員）

伊豆半島はフィリピン海プレートに載って南から移動してきた大地です。かつてはフィリピン海の島でしたが、100万年前には本州に接近して部分的に衝突を開始、60万年前までには現在の伊豆半島の姿になりました。フィリピン海プレートの動きに変化はありませんから、本来伊豆はまだまだ北へ移動したいのです。しかし本州にその行き先を塞がれているため、叶いません。結果として60万年前から今日まで伊豆半島は南北方向に押し潰される格好になっています。地球規模で見た時、伊豆半島は岩石の塊のようなものです。岩の塊に圧力を掛け続けるとどうなるでしょう？しばらくは耐えますがいつか割れが生じて塊は短くなります。塊が短くなった分の質量は押し出されて膨らむところも出てきます（図）。

　これと同じことが伊豆半島でも起きているのです。押し続けられた土地は、概ね南北方向に移動しますが、場所によっては外へ膨らみ出すところもあります。動く方向が互い違いになる場所では、ある日突然地割れが生じます。厚い岩盤が割れますからその際には大

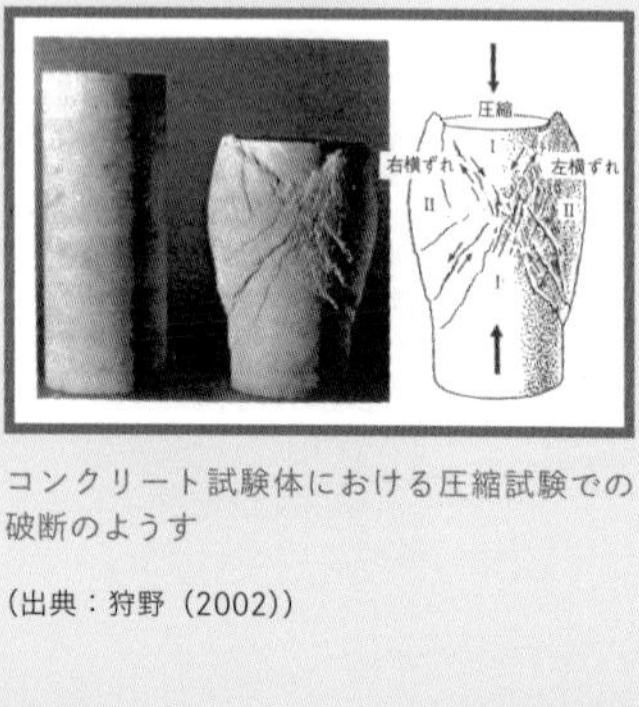

コンクリート試験体における圧縮試験での破断のようす

（出典：狩野（2002））

赤破線の断層線を挟んで、線の左側が下方へ約2m地面が動きました

きな衝撃が生じます。これが地震です。伊豆半島では1930年11月に丹那断層に沿って20km以上の長さにわたって地面が割れ、割れ目を境に南北に2mほど地面がずれました。この結果マグニチュード7・3の大地震、北伊豆地震が起きたのです。

地面のずれと地震の発生が同時に記録されましたので、地震発生のメカニズムや断層の動きについて研究が活発に行われるようになりました。丹那断層は図らずも、わが国のみならず世界の活断層研究を推し進めるきっかけにもなったのです。この結果、地震直後からさまざまなことがらが分かりました。断層のずれは日常的にジワジワ起きているのではなく、地盤が圧力に耐えきれなくなった時に突然生じること、その時に地震が生じること、断層による地面のずれはこの1回ではなく過去に何度も繰り返されてきたこと、断層のずれは同じ場所で繰り返し生じてきたこと、などです。その後も研究は続けられ、断層を挟んでの地下の地層のずれの量の違いから、過去の断層運動による変位の歴史、なかんずく過去の地震の様子も分かってきました。過去8000年に少なくとも9回の断層運動、つまり地震が起きていました。このことから、次に丹那断層が地震を起こすまでにはしばらく期間がありそうだと見積もられるのです。この研究手法の有効性が確認され、日本全国で活断層の調査研究が進み、地震の将来予測も飛躍的に進みました。

先人が地震の教訓として丹那で遺した大地のずれ、今も動く伊豆の大地を通して、活きている地球を感じてみませんか。

コラム・ジオ

日本列島にめり込む伊豆がしでかしている事

南の海からやってきて日本の本州に衝突している伊豆。約100万年前に起こって現在も続いているこの衝突は、衝突した伊豆だけでなく、衝突された日本列島にも大きな影響を与えています。しかも、南からやってきたひとまとまりの大地（ここでは「地塊」と呼びます）が本州に衝突するという事件は、伊豆だけが起こした単独事故ではなく、多重衝突なのです。約100万年前の伊豆の衝突に先立ち、500〜600万年前には丹沢地塊が本州に衝突しています。丹沢地塊は伊豆に追突され、激しい地殻変動をうけ、神奈川県の北西部に広がる丹沢山地になりました。また、丹沢地塊の衝突以前にも、御坂地塊（現在の御坂山地：山梨県）や櫛形山地塊（現在の櫛形山付近：山梨県）などの別の地塊が衝突したのではないかとも考えられています。このため、丹沢山地や御坂山地・櫛形山周辺では、追突されて変形してしまってはいるものの、伊豆半島と同じような海底火山の噴出物や南の海に棲む生き物の化石などが見つかっています。やがて伊豆半島も南の海からやってくる次の地塊に追突されて、丹沢山地のような伊豆山地になっていくのでしょう。

そんな多重衝突の起こっている場所で、どんな事が起こっているのでしょう。日本列島の中部から九州にかけての特に太平洋側では、同じような時代に作られた岩石が東西に伸びた帯状に分布しています。東西に伸びるこれらの帯状の地層は、海のプレートが日本列島の下に沈み込んだ時に、沈み込む

日本列島にめり込む伊豆がしでかしている事

COLUMN

プレートの上にあった岩石や土砂が陸地側にはぎ取られてくっつく事でできました。プレートが沈み込む場所（海溝やトラフ）と平行に帯状に分布するこうした地層は「付加体」と呼ばれています。九州から四国・紀伊半島を通って東西に伸びる付加体は、多重衝突の起こっている伊豆半島のある場所に近づくと急に北東―南西方向に向きを変えてしまいます。伊豆を含む地塊の多重衝突によって、東西に伸びていた付加体の地層の分布が大きく屈曲してしまったのです。衝突は地層を北に押し曲げただけでなく、激しい隆起も引き起こしています。例えば南アルプス（正しくは赤石山地）は、伊豆が本州に衝突した約100万年頃から活発に隆起するようになりました。その隆起量は100万年間に数千メートルにおよび、3000メートルを超える南アルプスの山々が形作られました。この隆起は現在も続いていて、最近100年間でも約40センチメートルという活発な隆起が続いています。

だるま山高原レストハウス（伊豆市）や葛城山（伊豆の国市）、十国峠（函南町）、香貫山（沼津市）など、伊豆半島北部の高台にある眺望スポットからは伊豆の北側を取り囲むように、衝突によって隆起した丹沢山地や南アルプスの山々を望むことができます。

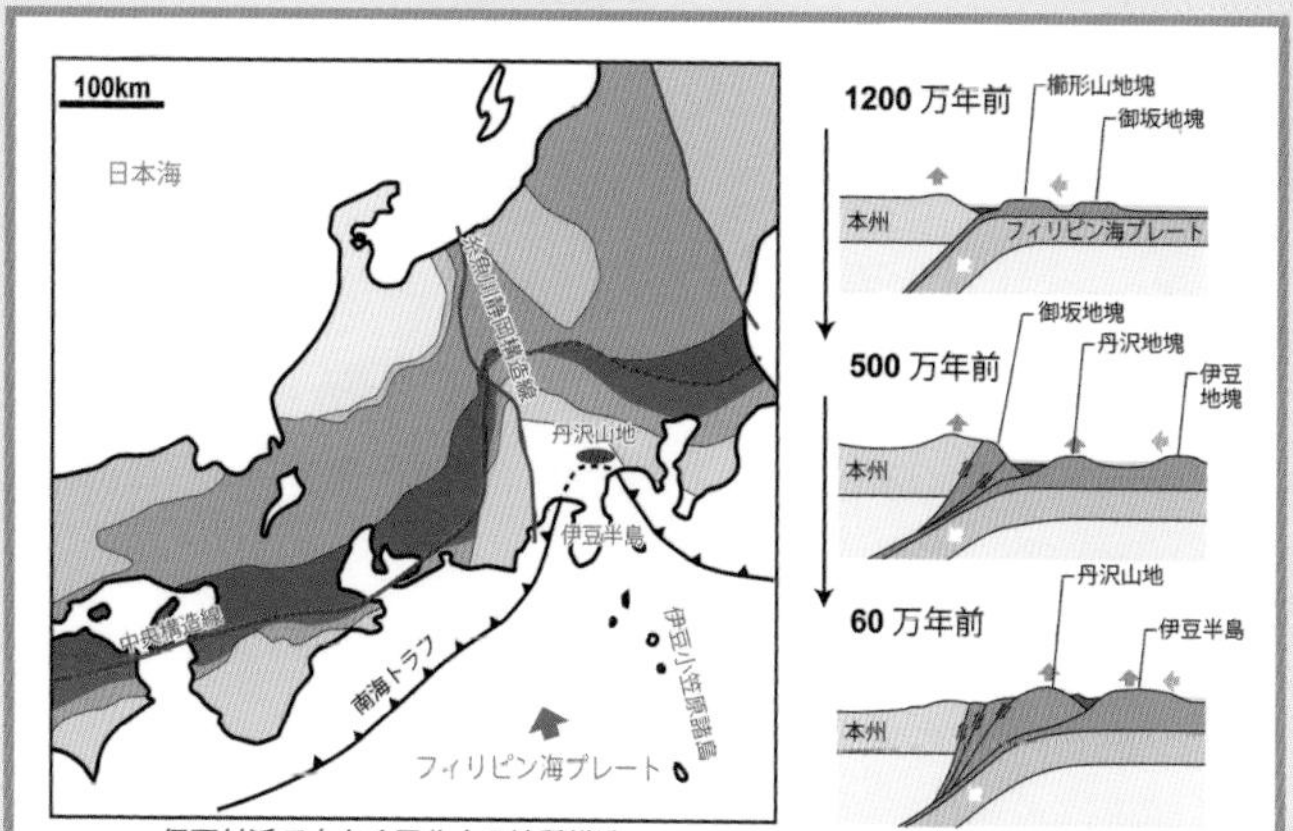

多重衝突と付加体の屈曲

伊豆半島は水が豊富なところです。降った雨は溶岩にできた無数の亀裂を通って地層の隙間に蓄えられ、湧き水となって伊豆の自然をうるおしています

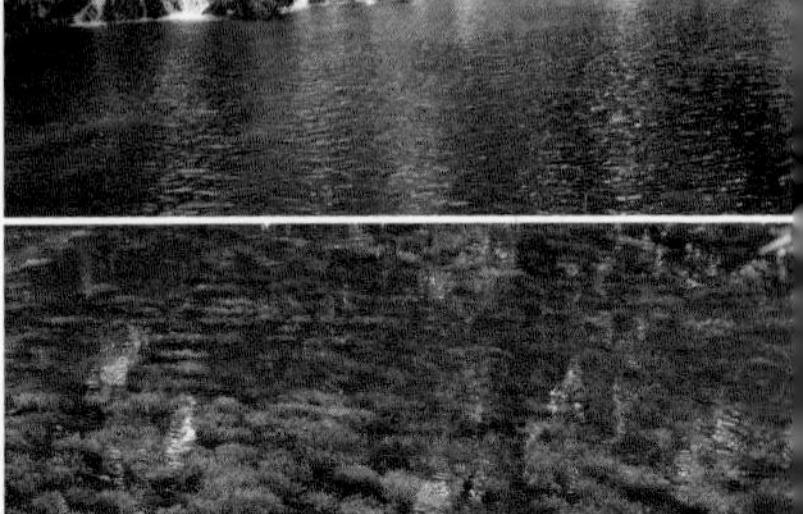

INFORMATION

伊豆半島ジオパークのビジターセンター

伊豆半島ジオパークミュージアム「ジオリア」
伊豆市修善寺 838-1
「修善寺総合会館内」
TEL 0558-72-0525
開館時間 9:00 ～ 17:00
休館日 水曜日（祝日の場合は翌日休）
入館料無料

函南ビジターセンター
田方郡函南町塚本 887-1
道の駅「伊豆ゲートウェイ函南」内
TEL 055-979-1112

熱海ビジターセンター
熱海市田原本町 11-1 ラスカ熱海 1F
「熱海観光案内所」内
TEL 0557-85-2222

南伊豆ビジターセンター
賀茂郡南伊豆町石廊崎 546-5
「石廊崎オーシャンパーク」内
TEL 0558-65-1600

下田ビジターセンター
下田市外ケ岡 1-1
「道の駅開国下田みなと」内
TEL 0558-22-5255

松崎ビジターセンター
賀茂郡松崎町松崎 315-1
「明治商家 中瀬邸」内
TEL 0558-43-0587

東伊豆ビジターセンター
賀茂郡東伊豆町奈良本 996-13
「熱川温泉観光協会」内
TEL 0557-23-1505

天城ビジターセンター
伊豆市湯ヶ島 892-6
「道の駅天城越え昭和の森会館」内
TEL 0558-85-1188

三島ビジターセンター
三島市一番町 16-1
「三島市総合観光案内所」内
TEL 055-971-5000

伊東ビジターセンター（ジオテラス伊東）
伊東市八幡野 1183
「伊豆急行伊豆高原駅構」内
TEL 0557-52-6100

伊東港ビジターセンター（ジオポート伊東）
伊東市和田 1-17-9

沼津ビジターセンター
沼津市戸田 1294-3
道の駅「くるら戸田」内
TEL 0558-94-5151

伊豆の国ビジターセンター
伊豆の国市田京 195-2
道の駅「伊豆のへそ」内
TEL 0558-76-1630

西伊豆ビジターセンター
賀茂郡西伊豆町宇久須 3566-7
「こがねすと」内
TEL 0558-55-0580

長泉ビジターセンター
駿東郡長泉町下土狩 1283-11
「ながいずみ観光交流協会」内
TEL 055-988-8780

清水町ビジターセンター
駿東郡清水町伏見 86
「わくら柿田川」内
TEL 055-975-7155

伊豆半島ジオパーク
公式ガイドブック
伊豆ジオ
100

IZU PENINSULA GEOPARK
OFFICIAL GUIDE BOOK
IZU GEO 100

IZU PENINSULA GEOPARK
since
Miocene Age
OFFICIAL GUIDEBOOK

伊豆半島ジオパーク公式ガイドブック
伊豆ジオ100

初　版 2021年3月30日発行
第2刷 2023年6月30日発行

監修　伊豆半島ジオパーク推進協議会
発行者　大須賀紳晃
発行所　静岡新聞社
〒422-8033 静岡市駿河区登呂 3-1-1
電話 054-284-1666
装丁・装画・デザイン　塚田雄太
企画・編集　静岡新聞社
印刷・製本　三松堂

乱丁・落丁本はお取り替えいたします
定価はカバーに表示してあります
ISBN978-4-7838-2625-5　C0044